课题来源：2023年度河北省人力资源和社会保障研究课题科研合作项目·
"后疫情时代河北省地方高校应用型人才培养助力中小微企业吸纳就业路径探析"课题编号：
JRSHZ-2023-01033

新阶段高校应用型人才培养中的创新精神与创业就业策略研究

马 然 著

中国纺织出版社有限公司

内 容 提 要

本书从新阶段高校应用型人才培养基本理论入手，阐述了新阶段高校应用型人才培养的特征及相关理论；再从新阶段高校应用型人才培养体系设计、保障与作用着手，分别阐述了新阶段高校应用型人才培养的总体设计、方案设计、实践教学体系设计、质量保障体系构建以及河北省地方高校应用型人才培养助力中小微企业吸纳就业路径；通过阐述创新教育在新阶段高校应用型人才培养中的重要作用、专业教育与创新教育融合，厘清创新精神与大学生就业的关系；通过分析新阶段高校应用型人才就业策略，为加快人才培养的供给侧结构性改革，特别是要加快培养更多、更好、更实用的应用型人才，为我国经济转型升级提供人才资源保障。

图书在版编目（CIP）数据

新阶段高校应用型人才培养中的创新精神与创业就业策略研究 / 马然著 . -- 北京：中国纺织出版社有限公司，2024.6. -- ISBN 978-7-5229-1956-0

Ⅰ . G649.2

中国国家版本馆 CIP 数据核字第 2024649XQ4 号

责任编辑：史 岩 责任校对：高 涵 责任印制：储志伟

中国纺织出版社有限公司出版发行
地址：北京市朝阳区百子湾东里A407号楼 邮政编码：100124
销售电话：010—67004422 传真：010—87155801
http://www.c-textilep.com
中国纺织出版社天猫旗舰店
官方微博 http://weibo.com/2119887771
天津千鹤文化传播有限公司印刷 各地新华书店经销
2024年6月第1版第1次印刷
开本：710×1000 1/16 印张：12.5
字数：200千字 定价：99.90元

凡购本书，如有缺页、倒页、脱页，由本社图书营销中心调换

前 言

随着我国经济全球化的深入发展和对外开放水平的不断提高，在建设创新型国家的过程中，我国的各项产业升级势不可当。高校要想在推动产学研协同创新中培养特色人才，无论是创业层面还是就业层面，都要在满足市场和产业需求的过程中，进行人才培养的供给侧结构性改革，特别是要加快培养更多、更好、更实用的应用型人才，为我国经济转型升级提供人才资源保障。

应用型人才培养与其他人才培养一样，首先，要确定立足点和就业与服务方向，在此基础上，再制订专业人才培养方案，这是保证人才培养质量的前提。其次，要遵循国家教育方针和教育法规培养符合地方经济社会发展需要的应用型高级人才。再次，要大胆借鉴国内外高等教育教学的成功经验和管理模式，有效挖掘和充分利用地方性高校的资源优势和办学条件；还要遵循高等教育的基本规律，体现高等教育的发展方向，追踪学科发展动态，创新教育观念、课程体系、教学内容和教学手段，将改革成果融入新的人才培养方案中，注重培养学生的创新精神、创业能力和实践能力。最后，要将理论与实际相结合，注重培养应用型人才的实践能力和创新能力；将共性发展目标与个性发展目标相结合，坚持因材施教原则；将专业教学计划与人才培养方案相结合，坚持教学内容和课程体系整体优化原则；坚持在"专、思、创"相结合的大思政背景下，将专业课、思政课和创新创业相结合，注重激发创新精神；将价值引领、知识传授和能力培养相结合，着力提升学生的创业、就业能力。

本书共分为六章。第一章从新阶段高校应用型人才培养基本理论入手，阐述了新阶段高校应用型人才培养的特征及相关理论；第二章从新阶段高校应用型人才培养体系设计、保障与作用着手，分别阐述了新阶段高校应用型人才培养的总体设计、方案设计、实践教学体系设计和质量保障体系建设以及河北省地方高校应用型人才培养助力中小微企业吸纳就业路径；第三章为新阶段高校应用型人才创新创业教育，分别阐述了创新创业教育在新阶段高校应用型人才培养中的重要作用、创新创业新趋势、专业教育与创新创业教育融合；第四章着重阐述了创新精神与大学生创业就业的关系，从创新精神的角度出发，较为详细地阐述了创新精神对大学生创业就业的影响与促进作用；第五章对新阶段高校应用型人才创业策略进行了分析，包括创业与创业精神、自主创业的条件、寻找和评估商业机会、创业计划书的撰写、创立企业的一般流程以及创业过程中的心理调适；第六章为新阶段高校应用型人才就业策略研究，分别从就业方向引导、择业心理问题调适和就业权益保护三个方向进行了阐述。

由于笔者水平有限，书中难免存在疏漏之处，恳请各位读者提出宝贵意见和建议，以便日后不断改进和完善。

马然

2024 年 5 月

/ 目 录 /

第一章 概论

第一节 新阶段高校应用型人才培养概述   1
  一、专业性   / 1
  二、实践性   / 2
第二节 新阶段高校应用型人才培养的目标和定位   3
  一、应用型人才培养的特点   / 3
  二、新阶段高校应用型人才培养目标   / 4
  三、新阶段高校应用型人才培养定位   / 5
第三节 学习理论   8
  一、学习的定义及分类   / 9
  二、学习理论的形成与发展   / 10
第四节 学习理论对应用型人才培养的启示   12
  一、学习理论为应用型人才培养树立目标   / 13
  二、学习理论为应用型人才培养提供理论依据   / 14
  三、学习理论为应用型人才培养提供方法论   / 16
第五节 多元智能理论   19
  一、智能理论的产生与发展   / 19
  二、七种智能理论简介   / 21
  三、多元智能理论对教育的启示   / 22

第二章 新阶段高校应用型人才培养体系设计、保障与作用

第一节 新阶段高校应用型人才培养的总体设计原则   27
  一、本科原则   / 27

二、国家政策导向原则　　/ 28
　　三、国家标准原则　　/ 28
　　四、评估原则　　/ 29
　　五、应用型人才培养的总体设计思路　　/ 29
　　六、能力导向的人才培养体系设计　　/ 30
第二节　新阶段高校应用型人才培养方案设计　　34
　　一、应用型人才培养方案设计的理论基础　　/ 35
　　二、应用型人才培养方案的制订　　/ 37
　　三、应用型人才培养课程体系设计　　/ 42
第三节　新阶段高校应用型人才培养实践教学体系设计　　49
　　一、实践教学目标体系　　/ 49
　　二、实践教学内容体系　　/ 54
　　三、实践教学管理体系　　/ 57
　　四、实践教学条件体系　　/ 58
　　五、实践教学评价体系　　/ 60
第四节　新阶段高校应用型人才培养质量保障体系建设　　61
　　一、文化与质量文化　　/ 62
　　二、高校质量文化建设路径　　/ 63
　　三、教学质量保障体系建设内容　　/ 66
第五节　河北省地方高校应用型人才培养助力中小微企业吸纳就业路径　　72
　　一、河北省地方高校应用型人才培养和中小微企业"用工荒"现状　　/ 73
　　二、河北省地方高校应用型人才培养和中小微企业吸纳就业存在的问题 / 74
　　三、河北省地方高校应用型人才培养助力中小微企业吸纳就业的策略　/ 74

第三章　新阶段高校应用型人才创新创业教育

第一节　创新创业教育在新阶段高校应用型人才培养中的重要作用　　81
　　一、大学生创新创业教育的外延教育　　/ 81
　　二、应用型高校大学生创新创业教育的作用　　/ 82
　　三、大学生创新创业教育的核心内容　　/ 84

第二节　创新创业新趋势　　　　　　　　　　　　　　85
 一、创新创业教育探索　　　　　　　　　　　　　　/ 86
 二、"大思政"背景下的创新创业教育　　　　　　　/ 88
第三节　专业教育与创新创业教育融合　　　　　　　　89
 一、专业教育与创新创业教育融合的背景　　　　　　/ 89
 二、专业教育与创新创业教育融合的途径　　　　　　/ 90
 三、专业教育与创新创业教育融合的原则　　　　　　/ 91

第四章　创新精神与大学生创业就业

第一节　创新精神理论　　　　　　　　　　　　　　　93
 一、培养创新精神的生理学基础　　　　　　　　　　/ 93
 二、培养创新精神的心理学基础　　　　　　　　　　/ 94
第二节　创新精神的培养　　　　　　　　　　　　　　100
 一、自觉增强创新创造的欲望　　　　　　　　　　　/ 100
 二、进行针对思维特点的培养和训练　　　　　　　　/ 101
 三、学习和掌握创新创造的方法　　　　　　　　　　/ 103
 四、善于捕捉创造性思维的火花　　　　　　　　　　/ 104
第三节　创新精神在大学生创业就业中的促进作用　　　105
 一、创新精神在创业前期的作用　　　　　　　　　　/ 105
 二、创业项目选择中创新精神体现　　　　　　　　　/ 108
 三、创新精神转变就业观念　　　　　　　　　　　　/ 111
 四、创新精神调适就业心理　　　　　　　　　　　　/ 117
 五、创新精神强化就业能力　　　　　　　　　　　　/ 120

第五章　新阶段高校应用型人才创业策略研究

第一节　创业与创业精神　　　　　　　　　　　　　　123
 一、创业的概念　　　　　　　　　　　　　　　　　/ 123
 二、创业精神　　　　　　　　　　　　　　　　　　/ 124
第二节　自主创业的条件　　　　　　　　　　　　　　124

一、自主创业的个人条件　　　　　　　　　　　　　　　　/ 124
　　二、有效筹措资金是自主创业的前提　　　　　　　　　　/ 128
　　三、创业机会的识别与把握　　　　　　　　　　　　　　/ 129
第三节　寻找和评估商业机会　　　　　　　　　　　　　　　131
　　一、选择创业方向　　　　　　　　　　　　　　　　　　/ 131
　　二、选择创业项目　　　　　　　　　　　　　　　　　　/ 133
第四节　创业计划书的撰写　　　　　　　　　　　　　　　　136
　　一、创业计划书　　　　　　　　　　　　　　　　　　　/ 136
　　二、创业计划书的内容　　　　　　　　　　　　　　　　/ 137
　　三、优秀的创业计划书的评价标准　　　　　　　　　　　/ 143
第五节　创立企业的一般流程　　　　　　　　　　　　　　　144
　　一、企业定名　　　　　　　　　　　　　　　　　　　　/ 144
　　二、企业选址　　　　　　　　　　　　　　　　　　　　/ 145
　　三、确定企业的组织形式　　　　　　　　　　　　　　　/ 146
第六节　创业过程中的心理调适　　　　　　　　　　　　　　150
　　一、创业压力源　　　　　　　　　　　　　　　　　　　/ 150
　　二、大学生创业压力及其应对方式与心理健康的关系　　　/ 151
　　三、创业压力管理　　　　　　　　　　　　　　　　　　/ 151

第六章　新阶段高校应用型人才就业策略研究

第一节　就业方向引导　　　　　　　　　　　　　　　　　　153
　　一、构建通畅的大学生就业信息基础工程　　　　　　　　/ 153
　　二、加快城镇化进程，汇聚人力资本　　　　　　　　　　/ 163
　　三、构建大学毕业生弱势群体就业帮扶体系　　　　　　　/ 167
　　四、加强有效引导，推动大学毕业生灵活就业　　　　　　/ 173
第二节　择业心理问题调适　　　　　　　　　　　　　　　　176
　　一、常见的择业心理问题　　　　　　　　　　　　　　　/ 176
　　二、大学生产生择业心理问题的原因　　　　　　　　　　/ 177
　　三、自我调适的方法　　　　　　　　　　　　　　　　　/ 178

第三节　就业权益保护　　179

　　一、劳动法概述　　/ 179
　　二、劳动合同概述　　/ 180
　　三、劳动合同与劳务合同的区别　　/ 185
　　四、签订就业协议书前的准备工作　　/ 185
　　五、毕业生求职如何维护权益　　/ 186
　　六、试用期内是否享有保险　　/ 187
　　七、加班费如何支付　　/ 187
　　八、"过期劳动合同"是否有效　　/ 188
　　九、劳动合同的法律效应　　/ 188
　　十、违反劳动合同的赔偿责任　　/ 188

参考文献

第一章　概论

随着我国对外开放水平的不断提高，在建设创新型国家的过程中，产业升级势不可当。高校要在满足市场和产业需求的过程中，进行人才培养的供给侧结构性改革，特别是要加快培养更多、更好、更实用的人才，为我国经济转型升级提供人才资源保障，推动产学研协同创新。

第一节　新阶段高校应用型人才培养概述

新阶段高校应用型人才培养主要包括以下两个方面。

一、专业性

就应用型人才培养而言，专业性不仅指行业的专业性，也意味着职业分工专业对口。就高校而言，专业是人才培养的最基本教育单元和载体，如何建设相关专业，以满足社会需求是当前及未来高等教育研究的重点。就高校专业设置而言，其前提是行业需求和职业岗位，高校对相关行业的背景和专业性进行深入分析和研究，可以有针对性地进行人才培养。在应用型人才培养方面，高校不仅要研究传统行业及相关产业的人才培养特征和发展趋势，还要对新兴产业和科学技术等领域高度关注，保证重点信息技术人员的供应。正是在这样的改革和升级创新过程中，很多新兴的产业行业及职业岗位应运而生。如果一所高校无法预见这种趋势，提前设置相关的专业培养人才，那么结果就是与现实脱节，产业无人可用，培养的学生无处可去，因此，对于高校来说，其专业设置必须是以社会分工和专业导向为基础，而不是将学科导向放在首位。

二、实践性

首先，在培养应用型人才的过程中，实践性是最基本特征。需要明确的是，这里的实践性并非对理论教育的否定，而是理论与实践相结合，厘清理论与实践之间的关系，在人才培养过程中掌握更多理论，才能使实践更加顺畅。因此，高校在培养学生实践性的教学过程中要实现以下两个目标，一是对理论进行验证并得出相应的结论；二是对一些应用理论进行相关的实践，使学生在实践过程中能够解决实际且复杂的问题。这说明了实践性在应用型人才培养过程中的重要性。新阶段，高校培养应用型人才最关键的一点就是提高实践性教学质量和水平，这直接决定了人才培养的质量和未来学生的职业适应程度。无论是专业性应用还是实践，对于人才培养而言，一旦失去了理论基础，即使具备再强的实践能力，也会在解决复杂问题的过程中陷入知其然而不知其所以然的窘境，只有理论和实践同步进行，才能培养出更具沟通能力和合作能力的、更符合产业和行业需求的高素质应用型人才。

其次，高校设置专业，要考虑社会经济发展状况及相应的专业定位。什么样的专业能够适应当前及未来一段时间内行业产业及社会岗位需求？要通过怎样的教学手段，才能提升学生的实践能力？实现教学的实践性特征是当前及未来很长一段时间内高校应深入思考的问题。因此，高校应摒弃专业设置老路，同时避免为了追新而设立脱离社会需求的专业。这就意味着高校在设置专业时只有充分考虑社会需求，才能培养出更具实践能力的应用型人才。

再次，高校培养应用型人才的目的是服务于当前社会所需的更具实践性的工程和管理等领域，在培养应用型人才的过程中，就已经对相应的培养内容做出定位。应用型人才与研究型人才不同，其目标并不是实验室和研究机构，而是更具实践意义的一线，也就是说，应用型人才的培养重点是做事的能力，培养的场所更具实践性和实训性，这是常规的教室和研究室难以比拟的。

最后，从学生的角度来说，应用型人才培养的重中之重是如何提升学生的就业稳定性是当前应用型人才培养的直接目标。而实现稳定和高质量就业就需要高校在专业设置和人才培养过程中具备相应的师资队伍和培养条件，只有这样才能使培养出来的学生更具就业优势，自然也就保障了学生的稳定就业。社会和企业的用人标准都是相当现实的，很多企业没有时间和精力来培养人才和承担风险，人才在追求高薪工作的同时，对未来往往缺乏预判，这也是残酷的社会现实和用人环境导致的。就现代企业而言，用人标准就是"进得来、留得住、用得上、发展好"。这就对新阶段高校应用型人才培养提出了较高要求，高校要想培养的学生符合社会需求，就要在教学过程中，及时关注社会发展、产业发展趋势，并以此为基础不断调整教学模式和培养方式，只有这样学生才能在进得去的企业里留得住，学生还要具备一定的心理素质和发展后劲，也就是继续学习的能力，只有这样才能在用得上的同时发展好。

第二节　新阶段高校应用型人才培养的目标和定位

一、应用型人才培养的特点

相关学者指出，"应用型"属于一所高校在整个高等教育系统中的定位，"人才培养目标"属于高校内部各要素在高校发展中的定位。"应用型"很清晰地反映了高校定位于"应用"而非"研究"，区分了与研究型高校的定位差异。但是，需要特别指出的是，"应用"中是蕴含学术的，不过更重视"术"，即技术、方法的开发与应用，"学"是为"术"服务的。从这点出发，应用型人才培养有如下特点。

从"学"上看，应用型人才培养更注重让受教育者知道"是什么"的问题。重点学习和掌握各种理论、原理的结论、基本内涵、边界条件、应用范围等，为今后"术"的学习、应用奠定理论基础。例如，物体间的引力是一种自然现象，对这种自然现象的解释是通过对万有引力的研究来实现的。应用型人才培养要掌握的是如何利用万有引力为人类社会服务和创新的应用技术，从而实现火箭、卫星、飞船等产品的设计与应用。

从"术"上看，应用型人才培养强调的是技术应用、技术创新和技术实现方法。例如，牛顿的万有引力理论和爱因斯坦的相对论是对物体运动规律理论的创新，但在当时的条件下是很难验证与实现的。随着技术的进步，天文望远镜、核技术的突破，万有引力理论和相对论得到验证。这充分说明了研究方法和技术对理论原理研究的促进作用，正是这种技术验证的突破，推动了技术应用的发展。因此，学术本身就是相互促进的。

二、新阶段高校应用型人才培养目标

所谓培养目标，就是对培养对象的期望和规定，这是教育思想观念的一种体现，也是教育活动的发展方向，是始终贯穿教育活动的主要内容。应用型人才培养的基本目标是具有一定层次性的，包含整体层面、社会层面和具体层面，这些不同层次共同组成了应用型人才培养的目标体系。教育是"育人而非制器"，教育是既全面又充满个性化的，集实践性、德育和社会化能力于一体，旨在培养学生的独立思考能力、自主学习能力，使其具备良好的品德，成为具有高度责任感的人才。因而，高校应用型人才培养目标要求学生既要理论知识扎实，又要实践动手能力较强，能够解决复杂的工程问题，同时注重学生的个性化培养，以经济发展、科技进步及劳动力市场需求为导向。

应用型高校以培养应用型人才为主要目标，应用型高校又包括本科院校和高职院校，这两类院校的人才培养目标也是不同的。

具体而言，本科院校主要面向的是行业和产业，学生应具备通用技术和能力，而高职院校面向的是更加具体的岗位，学生应具备更具体的技术和能力。换句话说，在应用型人才培养过程中，本科人才的适应面更广，而专精度稍逊一筹；高职人才在专精度较高的前提下，适应面也相对较窄。这种针对不同人才培养目标的定位，是应用型高校层次安排的具体体现。不同的目标定位培养的不同人才，更有针对性地满足社会的不同需求，因此应用型高校人才培养目标无论是结构还是要求也各不相同。

在培养目标上，应用型本科院校更加注重培养掌握基本的专业理论与方法，能够完成与本专业相适应的实际工作任务的人才，而高职院校则更加注重培养掌握岗位操作技术的应用型人才。在能力要求上，应用型本科院校要求学生掌握自主学习能力和学以致用能力，而高职院校则要求学生掌握岗位操作技术能力。在课程体系安排上，应用型本科院校通常会设置适度、实用的学科基础课程，要求学生掌握专业核心课程的基本原理、一般方法、通用技术等，以及应用性、工具性和通用性的实践课程；而高职院校通常不设置学科基础课程，而是比较注重专业核心课程，也就是岗位通用技术和专门技术及实践课程中的具体操作技能。

应用型人才培养实际上是专业培养的过程，高校的专业设置对于人才培养具有决定性作用，是人才培养现实层面的落实，同时专业设置也是国家和学校层面人才培养目标的一种集中体现。

第一，关于人才培养面向问题，应用型高校首先应该明确为谁培养人才，应该面向哪个产业、行业，甚至更加具体的企事业单位或岗位，只有这样这些才能在人才培养过程中更具针对性和可操作性，培养出来的人才才更具实践性和实用性。就高校应用型人才培养而言，专业设置显得尤为重要。如何根据社会需求产业升级，使设置的专业能满足社会需求，是高校专业设置的一个重要要求。例如，传统的汉语言文学专业，为使培养出来的人才能满足社会需求，就要充分挖掘与该专业相关的产业与行业，甚至企事业单位的需求，并与当前的信息技术相结合，使传统的汉语言文学专业在具备相关专业知识的同时，也能符合新时期新阶段的企业所需，实现学科与产业的深度融合。

第二，应用型专业人才培养目标与研究型人才培养目标不同的是，应用型专业人才培养过程中，不仅要具备相应的理论知识和实践能力，还要在知识能力与素质层面有更精细的要求。也就是说，知识是能力和素质的基础，能力是知识的一种直观体现，素质是一种内化结果。应用型专业人才培养过程中是通过理论与实践相结合的方式，在学习知识的同时也获得了相应的能力，并内化为素质。例如，外语专业的学生在学习外语的过程中，既具备了较强的外语能力，也具备了一定的表达沟通能力，因此高校在培养应用型人才的过程中要努力调整知识、能力和素质在学生学习过程中的呈现，最终使培养出来的应用型人才在实践层面更具针对性。

三、新阶段高校应用型人才培养定位

新阶段高校的首要职能是培养人才，对于一所高校来说，人才培养定位是高校所有教育教学活动的重中之重，培养什么样的人才是人才培养定位首先应明确的问题。人才培养定位又与高校的整体定位密切相关，要研究人才培养定位，首先要明确高校的整体定位，从而为人才培养定位提供依据和遵循。

高校整体的定位不仅体现在办学类型和办学层次方面，还体现在办学特色方面。而学校内部的资源配置或要素体现，则着重于办学规模、学科分布及人才培养规划等方面。

对于我国高校的整体定位，不同的选择会有不同的定位。具体而言，主要有以下几种，即社会服务面向定位、发展目标定位、办学类型定位、人才培养规格定位、办学规模和层次定位、办学特色定位。从本质上来看，高校整体定位是根据社会所需而进行的科学技术创新、人才培养或为社会提供直接服务的具体选择。通常来说，高校应将学科发展作为首要定位，并在此基础上确定发展侧重方向的领域或门类；其次是对人才培养的规格和类型进行定位，也就是培养出来的人才属于哪一个层次；最后是对社会服务的侧重点进行定位。任何一所高校要想使培养出来的人才符合社会所需，明确人才培养定位是必不可少的一环，这也是合理设置学科的前提。也就是说，学科设置是否合理将直接影响未来学生在社会层面的服务定位。对于高校而言，人才质量才是最终的培养目标，也是高校所有定位的核心因素。

研究表明，高校应用型人才培养定位首先要求高校自身的定位要科学、明确。高校定位依赖于高校的分类划分标准和社会需要的人才类型，结合联合国教科文组织国际教育分类标准和卡内基分类标准，本文将类型、层次、对应学校作为高校分类的维度，从这三个维度构建三维分类模型，如表1-1所示。

表1-1 国内高校分类

教育类型	学校类型	研究类型	培养层次	对应学校
普通教育	学术类	研究型	博士/硕士/学士	"985""211"、国家"双一流"高校
		教学研究型	博士/硕士/学士	有博士点、一流专业的地方高校
	应用类	教学研究型	硕士/学士	地方"双一流"高校
		教学型	硕士/学士	地方普通高校
职业教育	职业类	教学型	专科	专科院校
	职业类	教学型	专科	高职院校

高校在确定自身的应用型人才培养定位时，首先要明确自身办的哪种类型的教育。国务院在2019年颁布的《国务院关于印发国家职业教育改革实施方案的通知》中首先明确了职业教育与普通教育是两种不同教育类型，具有同等重要地位。

这一论述既详细划分了我国当前两种教育类型，又明确了两种教育类型的关系，具有重要意义。国外高校的定位过程也为我国高校定位研究提供了一些借鉴。

一所高校要进行合理定位，首先要明确自身所处的社会政治、经济、文化发展阶段和该阶段对高校的使命要求，并与社会发展相适应。目前，我国正处于高速发展阶段，成为世界一流创新国家是我们的宏伟目标，这就要求我国一批顶尖高校要将实现原始创新和重大科技创新作为自己的奋斗目标，同时还要与区域经济、文化发展相适应，面向区域经济社会发展需求，定位于为区域经济发展服务，从而培养更多满足社会需求的应用型人才。

例如，美国加州理工学院是一所拥有百年历史的世界一流高校，其教师不足300人、本科生不足1000人、研究生不足1200人，却是整个美国3000多所高校中位居前列的高校。美国加州理工学院的办学定位可以对我国高校的办学定位有一定的借鉴作用。

首先，该校确立了自己的办学宗旨。通过研究并结合教学达到扩展人类知识、造福社会的目的，学院鼓励在多学科的特殊环境下，研究科学与工程领域的一些最具挑战性和基础性的问题，将优秀的学生培养成创新型人才。

加州理工学院的办学宗旨强调将研究和教学相结合。这是一种手段，目的是扩展人类知识，可以理解为发现新知识，重视原始创新，也就是把现在人类尚未完全掌握的知识不断加以扩展；同时强调造福社会，重视知识的应用性创造。该宗旨还强调，要研究"最具挑战性和基础性"的问题，这里需要特别指出的是，学院研究的不是一般性的问题或一般创造性的问题。这两类问题的特点是不一样的。挑战性问题的特点在于"难"，基础性问题的特点在于"新"，这种"新"是一种"元创新"。在各种创新类型中，原始性创新居于核心位置。该学院通过研究"难""新"问题，培养学生的创造性，这样就可以把研究与人才培养相结合。在研究领域，加州理工学院聚焦于科学与工程领域，没有把医学、法学、商学等领域作为自己的研究对象，这不是贪大求全，而是有所为、有所不为，要做就做到最好。因此，从加州理工学院的办学宗旨可以看出，该校的目标定位是以研究为引领，培养创新型人才。

其次，特色鲜明，因为专注而有特色。加州理工学院的专注，形成了自己的优势与特色。

加州理工学院在人才培养方面尤其注重数理基础的教学，这就为该学院培养工程类专业人才奠定了坚实的理论基础。在本科人才培养方面，该学院除了要求学生掌握相应的基础知识，还积极鼓励学生参与高水平的科研项目，旨在锻炼学生的实践能力。除此之外，该学院还设立了专项奖学金，即"暑期本科生研究奖学金项目"，申请项目的学生既能有效地锻炼自己的专业能力，还能获得一定的酬金。在校的本科生大多参加过这一项目，这是他们本科生涯的重要收获之一。

最后，以质量为主。该学院在培养学生的过程中更注重学生所掌握的专业知识和能力，而不是学生数量。再辅以一流的师资队伍，这使得加州理工学院在国际学术界享有极高声誉。为组建高质量师资团队，该学院在教师聘用队伍上也尽可能避免"同族同宗"，并要求教师具备博士学位，这使得加州理工学院的教师阵容首屈一指。加州理工学院的招生规模较小，全校本、硕、博在校生2000人左右，较低的生师比为实行精英教育创造了优越条件。

英国拥有复杂的大学系统，最为著名的是以牛津大学、剑桥大学为代表的研究型大学，其次是各种地方大学和城市大学。英国复杂的大学系统是英国特定的社会发展阶段的产物，不同的历史阶段对大学的要求也各不相同，反映到现实就会产生不同类型的大学。

随着社会经济的深入发展，人们对于高精尖类人才的需求越来越迫切，这就要求高校发挥自身的特长，成为社会发展的"动力站"或"服务站"，这也是社会层面对高校的深厚期望。因此，高校在社会中的地位具体如何，应取决于其是否坚守了学术组织内在的稳定性，是否进行了高水平的科研产出，是否培养了大量的高质量人才。新阶段高校应用型人才培养突出职业能力本位性，注重培养并提高学生的创新能力，挖掘学生的最大潜能，不断完善制度体系，加强应用型人才教育质量体系建设。

第三节　学习理论

新阶段，高校要想做好应用型人才培养工作，就要研究学生的学习特点和心理特点，围绕学生特点来开展教学与实践活动，科学设置教学课程体系、知识体系、技术技能体系和学生评价体系，通过一系列活动促进学生形成学习动机、产生学习兴趣和提升学习效果。

一、学习的定义及分类

学习心理是教育心理学研究的基本内容之一，在教育心理学研究中，学习研究的内涵远远超出了通常所指的知识、技能、文化的范畴。在教育心理学研究中，对学习有不同的定位，最为研究者所接受的定义为：学习是个体在特定情境下由于练习或反复经验而产生的行为或行为潜能的比较持久的变化。当前被广泛接受的定义为：学习是由经验所引起的行为或思维的比较持久的变化。我们从学习的定义可以看出，第一，学习的发生是由于经验所引起的。这里的经验不是指个体简单接受外部刺激或获得外部信息，而是个体与其所处情境之间双向交互作用的过程，更准确地说，是个体"反复的经历"。而外部信息要对个体产生作用和影响，需要个体以现有的知识、技能和态度为基础来理解和把握外部信息，同时新信息的融入又使现有的经验结构得以丰富和优化。第二，由学习而引起的个体行为变化可能立即发生，也可能需要长期积累才能发生。无论是长期还是短期发生，由学习引起的行为变化是比较持久的。第三，不能简单地把行为变化归因于学习的存在。

因此，本文对学习的定义是，个体以自己现有的知识、技能、态度等为基础，通过与客体信息进行交互作用形成并改变自己的知识、技能、态度的过程。

一些著名的学者从不同角度对学习进行了分类。加涅根据学习的繁简水平不同将学习分为连锁学习、辨别学习、具体概念学习、定义概念学习、规则学习和解决问题的学习；又根据学习结果不同将学习分为言语信息、智慧技能、认知策略、态度和运动技能的学习。奥苏贝尔根据学习性质与形式，将学习分为接受的学习、发现的学习、机械的学习和有意义的学习。

根据学习的意识水平，学习可分为内隐学习和外显学习。内隐学习是指个体在与环境接触的过程中不知不觉地获得了一些经验，并因此改变其事后行为的学习。外显学习则是有意识地解决问题、作出努力并按照规则作出反应的学习。直觉就是长期内隐学习的成果。个体在学习复杂任务时，常常以内隐的直觉方式进行，因此高校教育要适当引入内隐学习机制。

二、学习理论的形成与发展

学习理论是心理学中较发达的领域之一。古希腊哲学家柏拉图、亚里士多德的论述中就有不少关于学习与记忆的内容，其中，亚里士多德提出的邻近律、相似律和对比律，是心理学中联想主义的主要理论基础。

以桑代克、华生为代表的行为主义学习理论认为，学习是在刺激与反应之间建立联结，即 S-R，形成习惯与反射，这是通过反复尝试实现的。

以德国格式塔学派为代表的认知学习理论认为"整体不是其各部分的总和"，强调经验的整体性，学习在于形成对事物、情境的全面理解。格式塔学派认为，学习的过程不是试错的过程，而是顿悟的过程。这是早期的认知倾向的学习理论。认知学习理论把人的认知看成是整体的结构，而学习就是认知结构的发展过程。

以皮亚杰、维果茨基为代表的建构主义学习理论认为，学习是一个建构的过程，是学习者通过新旧经验相互作用来形成、丰富和调整自己的经验结构的过程，教学不是把知识经验从外部灌输到学生的大脑中，而是要引导学生从原有的经验出发，建构新的经验。

（一）行为主义学习理论

行为主义学习理论的代表人物华生将巴甫洛夫经典条件作用作为学习理论的基础。华生认为学习是建立条件作用的过程，而要想建立这个过程就需要用另一种刺激来代替原来的刺激。作为一个个体，学习的本质就是建立条件作用，通过对个体进行刺激进而得出反应，这个联结的过程并形成的习惯就是学习本身。华生还认为习惯的形成应遵循频因律和近因律。频因率，指的是在其他条件相等的情况下，某种行为练习得越多，习惯形成得就越快；近因律，则是指当反应频繁发生时，最近的反应总是比较早的反应更容易得到强化。

以上观点得到了不少心理学家的认同。其中最典型的代表就是美国著名心理学家桑代克，他在较早的时候就对人类和动物的学习行为进行了研究，通过对教学迁移和教学原理的深入研究，桑代克创立的教育心理学成为一门独立学科，脱离了传统的儿童心理学和教育学范畴，他本人也被称为"教育心理学之父"。在桑代克的研究中，他认为学习的本质是刺激与反应，准备律、练习律和效果律是学习过程中应遵循的基本原则。准备律指的是个体在进入学习之前所进行的预备定式；练习律指的是个体所受的刺激与反应之间存在的联结随着练习次数的增减而出现的加强或减弱；效果律指的是个体通过某种特定情境的刺激与反应之间存在的联结加强或减弱受到反应结果的影响。也就是说，一个人当前行为的后果对其未来行为起重要作用。教师要集中练习那些能起积极作用的联结，并且奖励想要的联结。

虽然这一理论在心理学界已经被普遍接受，但不同心理学家在看待行为主义心理学时的侧重点不同，形成的理论自然各不相同。例如，巴甫洛夫认为学习是在刺激和反应过程中同时出现的，而桑代克则认为学习是因刺激而受到奖励之后形成的。

（二）认知学习理论

认知学习理论认为，所谓的学习，就是对知觉进行重新组织。通过感知，学习者对一些信息重新进行有机组合，最终在大脑里对相应的事物情境和组成重新进行整理和组织，最终形成一种格式塔，并不是单纯的经验集合。格式塔学习理论认为学习是学习者对经验的组织和整体利用，尤其强调学习者在其中所起的作用，强调认知和知觉的过程。

认知学习理论尤其重视知识结构。这是因为学生在学习的过程中，如何将那些看起来毫不相关的知识和事物关联起来，考验的是学生已经存储的知识。认知学习理论认为，所谓的知识结构不仅包括专业或学术领域相关的概念或原理，还包括学习者的学习态度和方法。学习者只有在掌握知识结构的基础上，才更容易理解知识原理或基本概念，这对于记忆保持等相当有利。

在对认知学习理论进行研究的过程中，一些学者提出了不同的观点，其中典型的代表人物就是奥苏贝尔，他提出了一个全新的概念，即有意义学习。奥苏贝尔认为，学生的学习过程应该尽可能有意义，这是因为学习内容本身是有价值的。也就是说，在学习的过程中，学习符号所代表的知识与学生认知，在建构联系的过程中不是任意的，而是有一定实质性联系的，也就是学生的学习应该划分为有意义学习和机械学习。而有意义学习必须具备两个标准，第一个标准是学习内容与学生已经形成的认知具有一定的实质性联系；第二个标准是对于具备非任意性联系的新旧知识而言，其内在必须有一定的合理性或具备逻辑上的联系。

（三）人本主义学习理论

人本主义学习理论从全人教育的视角和发展人性的目的阐释了学习者的整个成长过程，强调教育要注重启发学习者的经验和创造潜能，引导学习者结合认知与经验肯定自我，进而实现自我价值。重点研究为学习者创造一个良好的环境，使其从自己的角度感知世界，加强对世界的理解，从而实现自我价值。其代表性人物是马斯洛、罗杰斯等。

在人本主义心理学研究领域，马斯洛是重要的领导之一。他认为人的需求具有不同的层次，而在这些层次当中，人对于自我价值实现或欲望的完善所产生的动力，能在一定程度上有效激发人的潜力。对于学习理论，他认为学习分为外在学习和内在学习。外在学习，主要是依靠外部条件的强化而进行的学习，这种方式注重知识的灌输，而不注重学生自身层面的理解；而内在学习则以学生内在驱动力为基准，充分开发学生的潜能，使学生通过学习来实现自我价值。

人本主义学习理论的另一位推崇者是提出了以学生为中心的教学思想的罗杰斯。他认为，教学目标的设立首先应该以促进学习者自身的变化为基础，并使学习者能够适应这种变化，让学习者意识到只有不断地探索知识，才能使知识真正满足人们的需求。经过长时间的研究，罗杰斯将学生的学习分为两类，一类是知识学习，另一类是经验学习，分别对应无意义学习和有意义学习。认知学习只涉及心智，不涉及情感，是一种"在颈部以上的学习"；而经验学习是以学生的经验生长为中心，以学生的自发性和主动性学习为动力，把学生的学习愿望、兴趣和需要有机结合起来，因而必然产生有意义的学习，有效促进个体的发展。

从理论上来说，人本主义学习理论无疑是正确的，值得教育者在教育实践中尝试和借鉴，但在具体教育实践中实施起来有很大难度，需要不断探索和努力发展。

第四节　学习理论对应用型人才培养的启示

社会实践理论是站在外部环境的角度来审视教育的策略与办法，学习理论是站在学生学习的角度来审视教育的策略与办法，两者各有侧重、相辅相成，共同实现对人的教育与培养。

一、学习理论为应用型人才培养树立目标

行为主义创立的刺激—反应理论认为,个体的学习实质上就是通过建立条件作用,形成刺激与反应之间联结的过程,从而形成习惯。应用型人才培养要求学生在学习理论知识之后,能应用理论知识解决实践中的具体问题,形成创新能力,提高综合素养。在这个过程中,理论的学习相当于条件建立的过程,没有"理论"这个条件的刺激,就不可能产生"应用"这个反应。这就要求应用型人才培养在制定培养目标时将理论学习与实践应用相结合,通过理论学习指导实践,利用实践来验证和发展理论,形成创新,这就形成了应用型人才培养目标的合理定位。在应用型人才培养目标定位中,既不能只重视对理论的深度与广度的学习,也不能单方面强调应用而忽视对理论的学习,或者将理论与实践分割开来、对立起来,应该将理论与实践融合起来。

在应用型人才培养实践中,往往出现理论与实践不贴合现象,发生理论与实践的课程、课时的矛盾与冲突,似乎理论与实践之间是一种对立关系,导致一谈到既要加强理论又要加强实践,就会提出多设课程、多加课时的要求。理论课与实践课都是育人的手段与方法,高校要提高教学效果,就要树立"以学生为中心"的教育教学理念,将理论知识与实践知识建构在学生原有经验与知识的基础上,使之"生长"出新的理论与实践知识和经验。实践课程能够很好地满足建构主义学习理论提出的"知识是在主客体相互作用的活动中建构起来的"的观点。实践课程、实践教学是应用型人才培养的重要环节和载体,在实践中学习,能够使知识在活动中实现主客体的相互作用,从而帮助学习者建构新的知识和经验。

从人才培养目标来看,学习理论为确立正确的应用型人才培养目标提供了指导。第一,行为主义学习理论认为,在人才培养上,要使学生养成"刺激—反应"习惯,并且这种习惯是需要长期训练与积累的。因此,高校要把养成良好的习惯作为应用型人才培养目标之一,以利于学生今后的职业发展。第二,认知学习理论认为,良好的知识结构有利于学生的成长与发展,而每个人的知识结构是不一样的,需要自己主动在实践中建构。因此,应用型人才培养要把建立知识体系和结构作为培养目标和内容。第三,建构主义学习理论以学生为中心,主张教

育应帮助学生主动建构自己的知识体系。建构主义学习不单单是学习者个人完成的认知活动,更是一个社会建构的过程,学习是通过参加活动而实现的对文化的内化,以学习者为中心、以主动探究知识为特征。应用型人才培养目标要将学生获得实践应用能力和探究知识作为主要内容。

教学不只是教学生知识、技能,更要培养学生驾驭知识、技能的能力,启发学生的智慧。也就是说,应用型人才培养目标通过对学生的知识和技能的教学来培养学生的理论、实践及创新能力。

二、学习理论为应用型人才培养提供理论依据

应用型人才培养需要重视学生的实践能力和操作技能的形成,注重实践学习与学习情境的紧密结合,关注学生创新能力的发展。高校运用"以学生为中心,突出应用能力"的建构主义教学理念,采用支架式教学法,基于问题情境教学、认知学徒式教学模式,由提出问题到学生自己通过思考、查阅资料、讨论找出答案,突出学生的主体地位,通过各种各样的教学活动,激发学生的学习兴趣,调动学生的学习积极性。

《国家中长期教育改革和发展规划纲要(2010—2020年)》明确要求教育工作要以学生为主体,以教师为主导,充分发挥学生的主动性,同时把促进学生成长成才作为学校一切工作的出发点和落脚点。学习理论把教学工作由经验向科学推进,正是在学习理论的指导下,人才培养的教学工作才具有科学性、预见性,具体的教学组织工作才具有可行性。学习理论从学习心理、教学心理、教学设计、课堂管理等方面为具体的教学实践提供了指导与借鉴。从学习心理活动过程来看,站在学生心理角度开展教学工作是建构主义学习理论的基本要求。

在应用型人才培养过程中,高校既要关注学生的学习心理、学习策略,也要关注教师的教学心理、教学策略。把教与学结合起来才能达到良好的教学效果,仅偏重教或仅偏重学都不能体现教学的完整内涵。

(一)知识的学习

学习理论认为,知识的学习是一个复杂的过程,知识的获得经过积累、调整和重构三种方式。知识的获得与知识的应用不是依次进行的,知识往往是在应用的过程中获得、理解和深化融合的。从建构主义视角出发,学习者获得知识的过

程不是简单的知识由外到内的传递转移过程，而是经由新信息与原有知识经验之间双向、反复相互作用实现的。

对概念的学习与理解是知识学习的重点内容。概念是代表一类有共同特征的事物或观念的符号，概念有内涵与外延之分，概念的获得从本质上说就是要理解一类事物共同的关键属性，使符号代表一类事物而不是特殊事物。赫尔提出联想理论，根据强化反应的学习理论来解释概念的形成机制。他认为，同类事物的关键特征可以由学习者从大量同类事物的不同例证中独立发现，通过强化，学习者正确的反应与适当的刺激会联结起来，进而形成学习者的概念。布鲁纳提出假设理论，他认为，在概念形成过程中，学生并非被动等待各种刺激的出现以形成联想，而是积极主动地去探究这一概念。认知心理学家罗斯提出范例理论，该理论对实际的概念教学具有较强的指导意义。

对于学习者而言，概念获得的一个主要形式就是概念同化。所谓概念同化，就是学习者在认知过程中利用认知结构已经成型的概念，通过对原有概念的特征延伸或集成逐渐形成新概念的方式。对于学习者而言，认知结构中已经成型的旧概念通常会作为新概念的支点或基准，通过采用不同手段与新概念形成联系，使学习者对新概念的具体含义有全新认知，这就是该理论中概念同化的表现。对此，奥苏贝尔将知识的学习分为三种基本形式，即上位学习、下位学习和组合学习，这三种形式也是课堂教学过程中概念得以传授的基本方式。

实现学习的迁移是知识学习的重要目标。由于学习是一个连续的过程，任何学习都是在学习者已经具有的知识经验和认知结构的基础上进行的，学习迁移就是"一种学习对另一种学习的影响"。在一般课堂教学中，教学内容的学习不是孤立存在的，先前学习是后继学习的前提与准备。布鲁纳认为，迁移可以被看作学习者把习得的认知结构用于新的学习。

由于认识到迁移的重要性和普遍性，人们在教学中提出了"为迁移而教"的理念。影响迁移的因素既包括学生的个体因素，如智力、年龄、态度等，又包括一些客观因素，如学习内容、教师教学方法、学习情境等，所以"为迁移而教"并不是一种显性的单一课程，它是教师在充分理解迁移的发生规律及其影响因素的条件下，在教学活动中与学生互动的结果。

（二）技能的学习

应用型人才培养离不开技能的学习与掌握，学生技能的形成同样是应用型高校教育、教学工作的一项重要任务。

外部不同动作通过一系列程序组合并进行操作活动的方式就是所谓的动作技能。这对于学生的学习活动具有重要的指导作用，既是他们的一项学习内容，也是任务完成的重要条件。其中，比较重要的一项技能就是心智技能，这种活动基于在人脑中已经形成的认知，进而形成内部语言方式。一个人要想顺利完成某一项智力任务，就必须掌握熟练的心智技能。学习并掌握技能的重要意义有三个，第一，有助于完成学习内容和达到教学效果，这是高校的一个重要教学目标；第二，在形成技能的过程中能有效掌握知识；第三，在形成技能的过程中，能有效提升学生的能力和促进智力发展。学生掌握了某种技能，就能熟练地完成相关的活动任务，智力与能力的发展是以有关技能的形成为前提的。

在应用型人才培养中形成一系列能力的前提是熟练掌握各种技能。能力不是抽象的，而是具体的，它以技能为前提并通过技能反映出来。在应用型人才培养中，学生能力的形成过程就是学生动作技能与心智技能的形成过程，这需要通过大量的练习才能掌握并熟练应用。因此，高校教师在应用型人才培养中要善于应用学习理论，引导学生积极建构学习内容和技能体系，从而培养学生的核心素养。

三、学习理论为应用型人才培养提供方法论

应用型人才培养不仅需要理论的指导，而且需要具体方法的探索与实践，刺激—反应理论、认知学习理论、建构主义学习理论等都为应用型人才培养提供了方法论的指导。

刺激—反应理论认为，可以通过反复刺激并强化正向刺激，使学习者掌握知识、技能并提高能力水平。因此，在应用型人才培养过程中，教育者通过实践形成对学习者的刺激并对正确的结果给予及时奖励，可以提高学习者掌握实践技能的能力和水平。应用型人才培养目标定位就是要提高学生的操作能力、解决问题能力、沟通与交流能力等。而这些能力的形成需要反复训练和演练，通过训练和演练来强化刺激以达到学生正确反应的效果，实现在实践中学习、在实践中纠

错、在实践中提高。刺激—反应理论广泛应用于教学和人才培养实践，很多学者根据该理论进行了大量的实践探索与研究。例如，斯金纳将强化理论着眼于效果律，揭示机体从其行为后果中进行学习的规律。他认为，成功的教学训练的关键就是分析强化的效果，以及设计精密的操纵过程的技术，也就是建立特定的强化。在外语教学中充分利用信息化手段与工具对学生进行课内外视听训练的实例，这说明教师要把握好学生的兴趣活动，恰当地运用出现频率较高或喜爱程度较高的活动，坚持训练就能完成预定的学习任务。普雷马克原理也说明了这种强化的作用。普雷马克原理认为，应当用高频活动作为低频活动的强化物，或者用学习者喜爱的活动强化学习者不喜爱的活动。在应用型人才培养中，学生往往喜欢参加实验、实训或实践活动，但是对理论的学习兴趣较低，这就需要教师针对不同的课程提供不同的强化物。通过实践课程、项目强化学生的理论学习过程，形成"实践—理论—再实践"的人才培养模式，用实践引导和强化理论学习，用再实践验证理论。

在认知学习理论研究中，以个体为对象，观察个体在受到刺激时所产生的内部反应及反应过程，这是一种内在的而不是外显的直观反应。由于所接受的教育哲学观点不同，认知学习理论在一定程度上与行为主义学习理论存在对立性。根据不同的研究时间、研究方法和研究对象，认知学习理论也有不同的研究阶段，如早期认知学习理论和当前比较流行的现代认知学习理论。其中，格式塔心理学研究的顿悟学习说以及托尔曼的认知—期待说是早期认知学习理论的主要观点。而现代认知学习理论主要由奥苏贝尔的有意义言语学习理论、布鲁纳的认知发现说以及加涅的认知学习理论等共同组成。

认知学习理论是以学习者为有机体，通过外界影响，学习者接受一系列的认知操作指导，进而形成或对已经形成的认知结构做出改变的过程，有机体通过对已经存在或产生的经验或动机进行充分把握，以及通过学习理解和思考与新接受的内容进行重构和认知，形成新的认知和关系。这里充分强调有机体自身的理解、思考和学习而产生的作用，更加注重培养学习过程中学生自我的动机和态度。

在认知学习理论中，人们提倡学习方法在学习中的作用，理论核心更加强调学习者自身学习驱动的改变，具体而言，就是学习者更加注重在学习过程中的内在驱动和积极性，以及是否主动地接受学习和掌握知识结构等。

认知学习理论应用是指在教学实践中，充分利用认知学习理论特点，并将其与学科内容相结合而进行的教学设计。这种教学设计意味着教学不仅是教师开始关注学生个人知识结构的建立，学生也被纳入教学过程中。如何充分调动学生自主获取知识和重组知识的能力，培养学生正确的学习态度，是教学设计研究的重点。为了保证教学达到预期效果，教师在设计教学知识点时，首先要全面分析教学难点和重点，并充分了解学生自身条件，只有这样才能在教授新知识的过程中充分发挥学生的信息加工能力。具体而言，认知学习理论指导下的教学设计特点主要包含四个方面：第一，在充分关注学习外部环境的同时，还要充分了解学生的认知结构；第二，教学设计不仅要重视教学任务，还要高度重视外部表现，并将教学目标划分为认知、技能和情感目标三个层次；第三，设计适当的练习用以加强新旧知识间的联系，促进认知结构的发展；第四，采用多种学生与教师评价方式。对学生的评价，侧重于考查学生的逻辑能力，反映学生对知识的理解程度。对教师的评价，注重教师启发学生理解知识的教学技巧，关注教师激发学生积极主动参与教学过程的策略等。

在建构主义学习理论中，学习被认为是一个自我建构的过程。对于个体而言，认知活动的结果就是知识的积累，而知识的积累对于学习者就是已经形成的经验，通过对已有经验的理解和分析，最终形成对事物的理解。正因如此，建构主义学习理论认为，对于个体而言，学习并不是机械的，也不是学习者自身的死记硬背，而是学习者在学习过程中通过与外界接触知识内容相互作用，形成新知识与原有知识的碰撞与整合，最终建构出新的意义。因此，在教学实践中，从原本的教师被动地教，转变为学生主动地学，并在教师或同学的帮助下，借助已有经验，结合相应的资料和工具，建构出全新的知识架构。

正是由于构建主义学习理论对学习形成了崭新的认知，学者对于传统的教学观提出了不同的观点。第一，教师应在教学过程中转变原本的角色，从根本上改变原有的教学态度，从以往的单纯注重传授知识转变为引导学生主动接受知识，教师是整个教学过程的引导者和促进者。第二，教师应将更多精力投入到对学生个体的研究中，从以往的备课转变为备学生，根据学生所拥有的知识、经验以及他们所能接受的知识范围对相应的教材和教学方法进行针对性选择，通过对学习环境及教学过程的调整，激发学生的学习兴趣，调动学生的学习积极性，使学生形成举一反三的良好学习习惯。第三，在教学中，教师应注重沟通互动及辩证澄清对教学实践和教学效果的影响，鼓励学生积极参与学习交流与合作，通过课堂上的群体交流，促使经验融合，使学生更快地理解和掌握所学知识。第四，教师应在教学中引导学生积极利用多媒体进行学习活动。

从刺激—反应理论到认知学习理论，再到建构主义学习理论的发展，这充分体现了对学习内涵的深入理解，对学习路径的探索领域不断创新与发展。学习理论的发展和创新对应用型人才的培养，无论是培养目标的建立、培养模式的创新还是培养路径的选择都为人们提供了有力的理论指导。应用型人才培养在课程设置、教学设计、教学方法等方面同样为人们奠定了重要的理论与实践基础，也为以应用型人才培养为目标定位的高校做好人才培养工作提供了实践指南。

第五节 多元智能理论

一、智能理论的产生与发展

早期的智能理论研究通常被认为是哲学家的研究领域或范畴。人们从智能理论研究成果发现在很长一段时间内，智能和生命是不可分割的，智力水平差异是一种客观存在的现象。因此，如何研究和测试人类智能一直是相关领域关注的重点。1796年，通过观察人类颅骨，德国解剖学家弗朗兹·约瑟夫·加尔提出了颅相学。19世纪，随着心理学逐渐转变为一门独立学科进入智能研究领域，并于20世纪50年代发展出认知心理学派，越来越多的心理学家开始重视智能相关内容的研究。对于"智能"一词，不同研究者的侧重点不同，给出的定义也各不相同，但总体而言，先天的遗传成分和个体后天通过学习而获得的能力必须包含其中。也就是说，智能不仅包含个体自身所携带的认知能力，也包含所处社会环境及环境变化而形成的解决问题的能力。

德国心理学家斯特恩首先提出了智商（Intelligence Quotient，IQ）的概念，其测试公式为：智商＝心理年龄/实际年龄×100。此后，智商逐渐成为衡量人们智能的重要标准。至今，各国还在继续沿用和发展智商测试公式。智商测试被美国《科学》杂志誉为"20世纪以来对人类社会发展贡献较大的科技成果之一"。

越发成熟的智商测试逐渐为大众所接受，通过智商测试，很多测试方面的需求得到了满足，一个典型的例子就是在人才选拔及人才标准划分方面智商测试发挥重要作用，但智商测试也并非完美无瑕，还存在一些不足之处。首先，智商测试的核心是个体的语言能力和逻辑能力，也就是说，除了这两种能力，其他能力并没有相应价值或被忽略，但在现实生活中，成就的大小并不是以智商的高低来决定的。其次，个体差异被相对单一和可量化的数据所描述，这本身就很难将人的复杂性解释清楚。因此，受智商理论影响而形成的所谓智商式思维，一方面，使人过度关注逻辑能力和语言能力，进而忽略了这两种能力之外的个体的多元性；另一方面，使很多在缺乏语言和逻辑能力之外而颇具才能的学生受到忽略和抑制。对于教育实践而言，智能理论产生的严重影响在于使教育者过于在意因此得到的学生数据，并根据所谓的智商高低进行差异教学，严重忽略了学生个体间的差异性和多元性。也就是所谓的智商测试。在判定一个人智商高低的过程中具有一定的指标性，但由于该测试只注重显性行为，不对个体的内在认知进行观测，忽略了在外部客观世界影响下智能与认知的联系，从而阻碍了智能的动态发展，个体智能的发展规律和本质更无从谈起，这就无法解释智能开发过程中的一些非智力因素产生的影响。正是因为这些缺陷，传统的单一智能理论受到质疑并开始向更深远的方向发展。

在传统治理理论研究中，有学者认为智能是一种以单一形式存在，以逻辑能力和语言能力为核心并加以整合所形成的能力。智力量表被发明以来，"智商"一词逐渐为人熟知，进而成为个体智商高低的评判标准。但随着研究的深入和科学技术的发展，越来越多的心理学家对传统治理理论提出质疑，并在此基础上得出更多理论，比较有影响力的有斯皮尔曼的二因素论、艾森克的三维结构模型、斯滕伯格的三元智力理论等。这些心理学家认为人的能力不是单一的，智力也有多种形式，不同的智力会因其认知领域或知识范畴的不同而独立存在。

1983年，美国著名心理学家霍华德·加德纳在经过长期的深入研究之后发表了《智能的结构》，并提出与人类智能相关的多元智能理论。

通过深入观察和研究以及大量实验数据，加德纳得出一个结论，那就是人的思维方式至少有七种，并因此提出了七种智能理论。这七种智能分别是语言智能、数理智能、音乐智能、空间智能、身体运动智能、自我认知智能和人际关系智能。大量实践证明，他的这种分类具有一定的合理性，即个体在认识和改造世界的过程中，不同的智能发挥着不同的作用，也就是在一定程度上具有同等重要性。加德纳还认为，个体与生俱来就具备所有智能类型的潜在能力，而在开发和培育这些潜能的过程中环境和教育的作用不可忽视。在此基础上，加德纳还对曾一度流行的智商测试提出了质疑，他认为智商测试只是对课堂学习过于重视，在很大程度上忽略了社会实践。如果单纯依靠标准化的考试来区分和判定智力水平的高低，无疑是片面的，未来成就的大小更加无从谈起，这在过分强调逻辑智能和语言智能的同时，也是对个体其他智能的否定，这对于缺乏逻辑智能和语言智能的个体无疑是巨大的打击，因为在没有确认开发的基础上，学生的很多潜能无法得到激发，从而导致一定数量的个体因为成绩很好但很难应对社会实践和独立解决问题，出现人才浪费现象。

二、七种智能理论简介

（一）语言智能

语言智能是指个体流利高效地运用语言描述、表达与交流的能力，即通常意义上的听、说、读、写能力。

（二）数理智能

数理智能指的是通过一定的逻辑推理和数理运算所进行的与思维相关的能力。数理智能在处理对比、因果、类比、逻辑等抽象关系方面相对比较敏感，也就是更强擅长事物间关系的逻辑能力。

（三）音乐智能

音乐智能主要是指个体对音乐感受、记忆、创作、辨别和改变的能力。具体而言，就是个体对音乐产生和表达过程中的节奏、音调、音色、旋律等表现敏感。与此同时，能通过演唱、演奏等方式对音乐进行表达的能力也是音乐智能。

（四）空间智能

空间智能指的是个体对物体空间的感受、记忆、辨别和改变，并在此基础上进行思想和情感的表达能力。具体表现为个体对构成空间物体的线条、色彩、形状及结构等内容感受敏感，并通过平面或立体的方式将物体的空间关系表达出来的能力。

（五）身体运动智能

身体运动智能是指运用肢体的能力。具体表现为个体能够较好地控制自己的身体，对事件能够产生恰当的身体反应，平衡、力量、协调、敏捷和速度等各方面能力俱佳，以及善于利用身体语言来表达自己的思想和情感的能力。

（六）自我认知智能

自我认知智能是指个体对于自身认知洞察和反省的能力。具体表现为个体能对自身所产生的情绪、欲望以及个体在成长过程中所形成的个性、意志等内容进行正确评价和认知，并在此前提下形成自我约束和自我尊重等能力。

（七）人际关系智能

人际关系智能是指个体在社会发展过程中与他人和周围环境和谐相处或正常沟通交往的能力。具体表现为个体能够在与人交往的过程中自觉观察和感受交往对象的情绪、情感和意图，如通过观察交往对象的面部表情或声音变化及肢体动作来感知对方的情绪变化，以此区别和分辨人际关系的不同类型，并产生积极而适当的反应的能力。

三、多元智能理论对教育的启示

多元智能理论已经被广泛应用于教学方法研究和开发探索中。由于大多数类型的智能最初都来自遗传，应用基本的标准来衡量，每种智能发展都来源于人类原始的模仿能力。

（一）正确处理智能的多元性

根据多元智能理论，智能既可以是教学的内容，又可以是与教学内容相关的手段与方法。

首先，每种智能都很重要。在多元智能理论中，个体的成长与发展受多种智能的共同作用，传统智能以逻辑和语言智能为核心的理论不再受到重视，而是将每种智能都放在同等重要的地位进行考察和估量。智能特点不同，评判标准也各不相同。

其次，每个人都具备所有智能。由于所有能力的发展轨迹都具有一定的相似性，而个体自出生起就形成了相应的模仿和学习能力，这就意味着每个个体都具备多元智能理论中的每一项智能。但个体在成长发展过程中会因外界因素和遗传因素的影响而在能力组合上存在差异，最终的结果是不同的个体与不同智能相融合，并呈现在日常生活中。

最后，大多数人的智能可以得到充分发展。多元智能理论认为个体是多种能力的集合，因此在个体发展过程中，智能类型一旦得到合理的激发就能发展到适合个体的水平。由于个体所在环境不同，智能发展的水平也不同，这是因为不同的文化和社会环境对不同智能的侧重有所不同，所以形成的评判标准和要求也各不相同，自然会驱使个体开发适应当前环境的智能类型，这也是为什么有些智能会在特定的社会环境中得到优先发展。

（二）为开发学生潜能提供方向

由于人类具有七个方面的智能，因此学生的潜能、创造能力的开发空间很大。有的学生逻辑思维能力较差，但会在其他方面展现出独特的潜能和创造力，这就为教育提供了空间和可能。学校或教师要积极发现并发展学生的优势智能，并为学生实现自身价值提供良好的路径及指导。

长期以来，教育者更多地关注学生逻辑能力的高低，以考试成绩的高低来评价学生，把很多具有其他智力潜能的学生归为差生或者低智力水平的学生，缺乏对这些学生的其他智力潜能进行开发。多元智能理论说明，学校或教师要关注每个学生的智力潜能，为学生智力潜能的开发创造良好的条件和环境，仅凭一张试卷评价学生的做法已不适应当代教育的发展需求。

（三）为教育创设空间

教育空间既包括经济空间、地理空间，也包括社会空间。这里所说的教育空间是指教育机构和教育者实施教育行为的空间，包括人才培养目标定位、课程空间、教学发展空间、学生成长空间等。在传统智力理论下，当一名学生被认为数理智能水平较低时，这名学生就会被归类为"难教"的学生。不仅教师这样认为，学生也认为自己不可能学好，教与学两个方面的空间都受到极大的压缩。而多元智能理论提出后，数理智能较低的学生只被看作"在某一方面"智能较差，并不代表这名学生在其他方面也差，可能在其他方面有突出的智力潜能优势。这既给教好这类学生创设了空间，又为学生正确认识自己、寻求更适合自己的学习方式创设了空间。多元智能理论的创新使个体智能空间由一维空间转变为多维空间，使个体的智能发展领域得到极大拓展。传统的智能仅指语言智能和数理智能，而多元智能理论将其他五项能力也纳入智能内涵中，使通过教育开发个体智能的领域无论在广度上还是深度上都得到了极大的拓展与提高。

通过重新界定智能，多元智能理论的提出让越来越多的人开始对传统智能概念提出质疑，并重新审视人类个体间的智能组成。这种审视深刻而广泛地影响了教育，如何对待教学实践、如何对待学生成为当下重点思考的问题。根据多元智能理论，学生个体间虽然存在差异，但由于侧重点不同，智能的多元性使得每名学生都很聪明，即使是那些特殊教育对象或脑组织受损伤的个体，他们都有相对突出的智能优势。智能不是一成不变的，它是可以通过教育和环境来对个体进行发展和挖掘的，个体差异性是客观存在的，但每名学生在教育活动中都应该被平等对待。这就意味着教师在教学实践中要发掘每名学生的潜能和优势，并有针对性地提供发展途径。对此，加德纳提出，教学活动就是把每名学生都当成天才来培养并欣赏。这也是对多元智能理论的一种深刻揭示，也就是说，高校在对学生培养的过程中，首先要平等对待，其次要充分挖掘。

从多元智能理论对待学生个体差异的理念，我们发现，其与孔子教育理念中的因材施教高度契合。在该理论指导下，教师要在教学实践中尊重个体的智能差异，要根据学生的智能差异进行针对性培养和挖掘，不仅要做到为了多元智能而教学，还要充分运用多元智能进行教学。在多元智能理论指导下，教师无须所有的个体都培养成全才，而是注重发现个体间的优势和劣势，并探寻一条适合个体发展的"扬长避短"之路。这就意味着在教学实践过程中，教师要尽可能避免"一刀切"式的教学方式，否则容易损害学生的天性和长处。需要明确的一点是，个体在人生的任何一个阶段，组成智能的各个部分都有可能得到发展。

多元智能理论对人才进行了重新界定，这是对传统智能理念的大胆突破。在多元智能理论指导下的教育理念也转变为全新的因材施教理念，这意味着教师在教学实践中应高度关注每名学生的智能特点，并有效地分析每名学生以找到他们的优劣势。只有根据学生的优劣势进行针对性的课程设置和考核评价，才能证明人才培养的多元性以及人才的多维发展。在多元智能理论中，每个个体都是可造之材。对于应用型高校而言，教育者的教育方式将直接影响学生的未来发展。

多元智能理论的创立与发展，使智能概念的内涵和外延都发生了显变化，整个人类社会重新审视人类智能的发展过程和智能的结构体系，在学生、教师、课程等方面为应用型人才培养与创新创设了广阔的空间。

（四）为个性化教育提供依据

我国高校教育由精英教育向大众教育进而向普及教育发展的过程中，也面临一些问题，比较突出的有两个：一是高校培养杰出人才的能力有待加强；二是大学生质量特别是整体素养有待提高。究其根本原因，就是人才培养模式、课程体系的趋同性与学生个性化发展、多样性成长之间的矛盾，即高校教育供给统一性与学生需求多样性之间的矛盾。因此，高校需要实施满足学生个性化发展的个性化教育来提高人才培养质量，从而培养出杰出人才。

目前，高校"千校一面"的格局尚未得到根本改变，高等教育人才培养统一的教学模式、统一的课程设置、统一的教学内容等都与学生个性化成长需求相矛盾，这使得学生个性化成长空间不断被压缩。为解决这一问题，一批高等教育专家、学者大力倡导和努力探索高校个性化人才培养的路径。

所谓个性化教育，就是以学生个体的个性为培养重点而发展出来的教育模式。这种教育模式以学生个体为基准，根据学生的特点进行针对性的教育模式选择，使学生的个性得到充分发挥。与传统的面向群体的教育不同，个性化教育以生命个体为教育对象，通过对个体进行详细分析，将存在于个体生命中的潜能发掘出来，是个体生命及个性得到自由发展的独特教育模式。与其他教育模式相比，个性化教育是个体与环境之间努力实现平衡的一种教育手段，这种平衡兼顾学生的个性及其所掌握的知识、行为以及获得的技能等内容之间的一种合理匹配，并且是一个持续发展的过程。

与传统的仅以逻辑和语言能力为依据的智能概念相比，多元智能理论兼顾个体发展的其他方面，加德纳提出的七种智能理论以一个更加全面且开放的概念和结构来对个体进行评判。这七种智能理论的提出使人们从关注个体的智商高低转为关注个体的优势智能类型，进而对其进行针对性的挖掘。加德纳对智能界定的目的并不是对个体的成就进行衡量，也不是给个体贴标签，而是从个体发展出发，更加平等且多元地对待每一个个体。从出发点来看，多元智能理论更加关注人类的潜能发展，拓展到教育目标上就是以更加开阔的视野来看待和评价学生。而在教学实践中可以通过多元智能测验了解学生之间的差异性，进而推断学生未来有可能突出的特点或有杰出表现的领域。这个发现对于教育意义重大，它不仅在很大程度上使传统教育中的普通学生得到了关注，也从根本上对传统单一智能理论进行了否定。在多元智能理论的指导下，教育的视野变得更加开阔，也更加注重挖掘学生的潜能，同时为教育的长远发展和个体潜能的充分挖掘提供了科学依据。

应用型人才培养为个性化教育提供了很好的平台，创设了广阔的空间。在应用型人才培养过程中，大量的实践教学内容是个性化教育的载体。在具体工程、管理和创新实践中，解决问题的方法不是一种而是多种，不同的解决问题的方法是基于不同的智能模式来创造的。在理论教学中，教师和学生比拼的是数理智能，而在复杂的实践场景下，比拼的是多元智能的综合能力。因此，应用型人才培养更好地体现了多元智能理论的价值和应用前景。

第二章　新阶段高校应用型人才培养体系设计、保障与作用

新阶段高校必须结合学校的实际情况、发展定位、培养目标来进行应用型人才培养体系设计，既不能盲目追求大而全、高大上，也不能片面强调条件差而降低培养目标。高校在进行应用型人才培养体系设计时，一定要坚持"应用型"的特点，防止设计成"研究型""技术技能型"人才培养体系。同时，切勿把三种类型的人才培养体系截然对立起来，认为研究型就不能有应用型的要求，技术技能型就不能有研究型和应用型的要求，而应用对立统一的观点来看待三种人才培养体系之间的关系。事实上，研究型、应用型、技术技能型共处于连续统一体中，彼此之间既有区别又有联系。研究型中可以包括应用型、技术技能型要素，技术技能型中也可以包括研究型和应用型要素。因此，高校在进行应用型人才培养体系设计过程中，既要反映应用型的特点，也要兼顾研究型、技术技能型要素，使整个体系设计更符合学生发展、企业用人、学科逻辑等方面的要求。

第一节　新阶段高校应用型人才培养的总体设计原则

一、本科原则

本文只讨论本科阶段的应用型人才培养，并未涉及研究生阶段和专科、职业教育的人才培养，因此，只对本科学生的教学环节、过程进行总体设计和子体系设计。

二、国家政策导向原则

2018年，习近平总书记在全国教育大会上指出，培养什么人，是教育的首要问题。我国是中国共产党领导的社会主义国家，这就决定了我们的教育必须把培养社会主义建设者和接班人作为根本任务，培养一代又一代拥护中国共产党领导和社会主义制度、立志为中国特色社会主义奋斗的有用人才。这是教育工作的根本任务，也是教育现代化的方向和目标。

从建设逻辑来看，"学校—学科—专业—课程"四个环节既相互促进，又相互衔接。在建设过程中，既包括部属高校，也包括省属高校，还包括民办高校，分"赛道"建设，每个学校、每个学科、每个专业、每门课程都有机会参与，为提高教学质量提供平台。

应用型高校建设要紧紧抓住战略机遇期，根据高起点定位、高标准要求、高质量建设、高水平成果要求，把应用型人才培养工作抓实抓好，形成竞争优势。

三、国家标准原则

高校在进行应用型人才培养体系设计时，应始终以国家标准为依据，国家标准包括但不限于《普通高校本科专业目录（2024年）》《普通高校本科专业类教学质量国家标准》。2018—2022年，教育部高校教学指导委员会由5550人组成，涵盖31个省、区、市及港澳地区，涵盖2个综合类、109个专业类和40个分教指委。教指委包括国家教学名师124人、院士103人等。教指委充分体现了参谋部、咨询团、指导组、推动队的要求。

坚持国家标准是守住底线、保持共性的要求，在此基础上进行特色建设和优质建设。教学质量国家标准就是要体现"质量为王，标准先行，兜住底线，留足空间"的要求。为进一步推进高水平本科教育，教育部于2018年颁布了《教育部关于加快建设高水平本科教育全面提高人才培养能力的意见》，该意见从十个方面提出了要求。高校在应用型人才培养体系设计中应融入这些理念、体现这些要求、执行这些标准，使应用型人才培养体系设计更好地反映新时代特点、体现新时代要求、完成新时代使命。

四、评估原则

应用型人才培养体系设计要符合三级质量标准认证，即基本质量标准认证、国家质量标准认证和国际质量标准认证评估要求。高校必须按照国家要求参加三级专业认证评估，构建与评估认证相适应的质量标准体系，这也是设计高校质量保障体系的基本要求。

五、应用型人才培养的总体设计思路

（一）体现"以学生为中心"

高校在设计应用型人才培养体系的过程中，"以学生为中心"是始终要坚持的重点。高校通过培养学生的个性，因材施教，在熟知学生特点的基础上，对知识观念和技能进行进一步深化。与此同时，学生也要有清晰的认知，这首先体现在知识结构的建构层面，只有积极参与教学活动才能使知识结构更加牢固、技能更加突出。在传统教学中，教育者习惯了"三中心"模式，也就是"以教材为中心，以教师为中心，以教室为中心"，虽然这一教学模式的实践时间较长，产生的影响也较大，但随着新时期新阶段社会需求的增长，教学模式应该向多元化发展。"以学生为中心"，即"以学生发展为中心，以学生学习为中心，以学习效果为中心"[1]。以学生为中心的教学体系设计要以实现学生的发展为目标，通过课程结构和教学组织促进学习效果的提升。

（二）遵循OBE理论

坚持和体现成果导向教育的OBE理论进行人才培养体系设计是落实"以学生为中心"的重要体现。学生进入高校学习是通过课程学习来认识学习目标和完成学习任务的，高校应构建基于成果导向的人才培养体系，依据学生成长与发展导向，根据利益相关者需求反向重构课程体系并确定教学内容，"反向设计、正向实施"，如图2-1所示。

---

[1] 赵炬明.论新三中心：概念与历史——美国SC本科教学改革研究之一[J].高等工程教育研究，2016（3）：35-56.

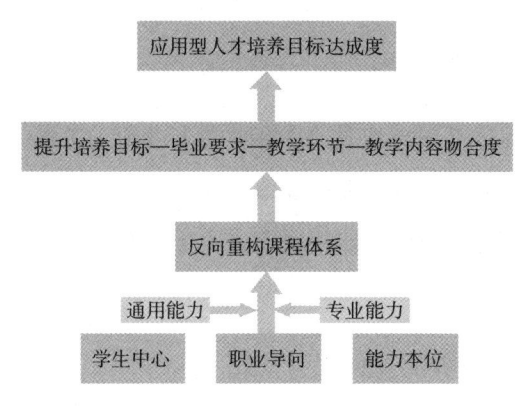

图2-1 OBE"反向设计、正向实施"过程

应用型人才培养与课程目标达成过程如图 2-2 所示。

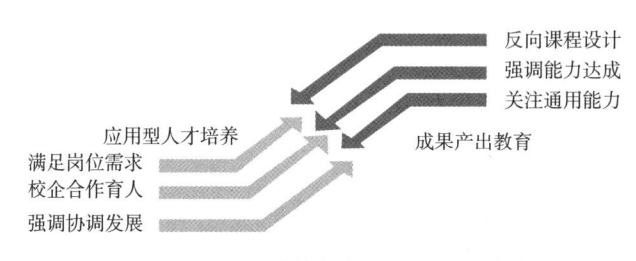

图2-2 应用型人才培养与课程目标达成过程

（三）坚持质量持续改进原则

在教学质量管理中，持续质量改进（CQI）是指教师参与质量改进计划设计并实现持续改进流程的具有一定结构的组织过程，用以提供符合学生期望的教学质量。CQI是在全面质量管理基础上发展起来的注重过程管理、环节质量控制的一种新的质量管理理论，是教学质量管理的重要内容。该理论的实施步骤为：确定程序—组织 CQI 工作组—建立有效工作团队—了解程序运行情况—明确程序变化原因—确定提高质量的机制。

六、能力导向的人才培养体系设计

高校在设计应用型人才培养体系的过程中，应始终关注学生能力的培养，以能力培养为主线，贯穿人才培养全过程，组合人才培养各要素，形成相互支撑和联系的体系框架，如图 2-3 所示。

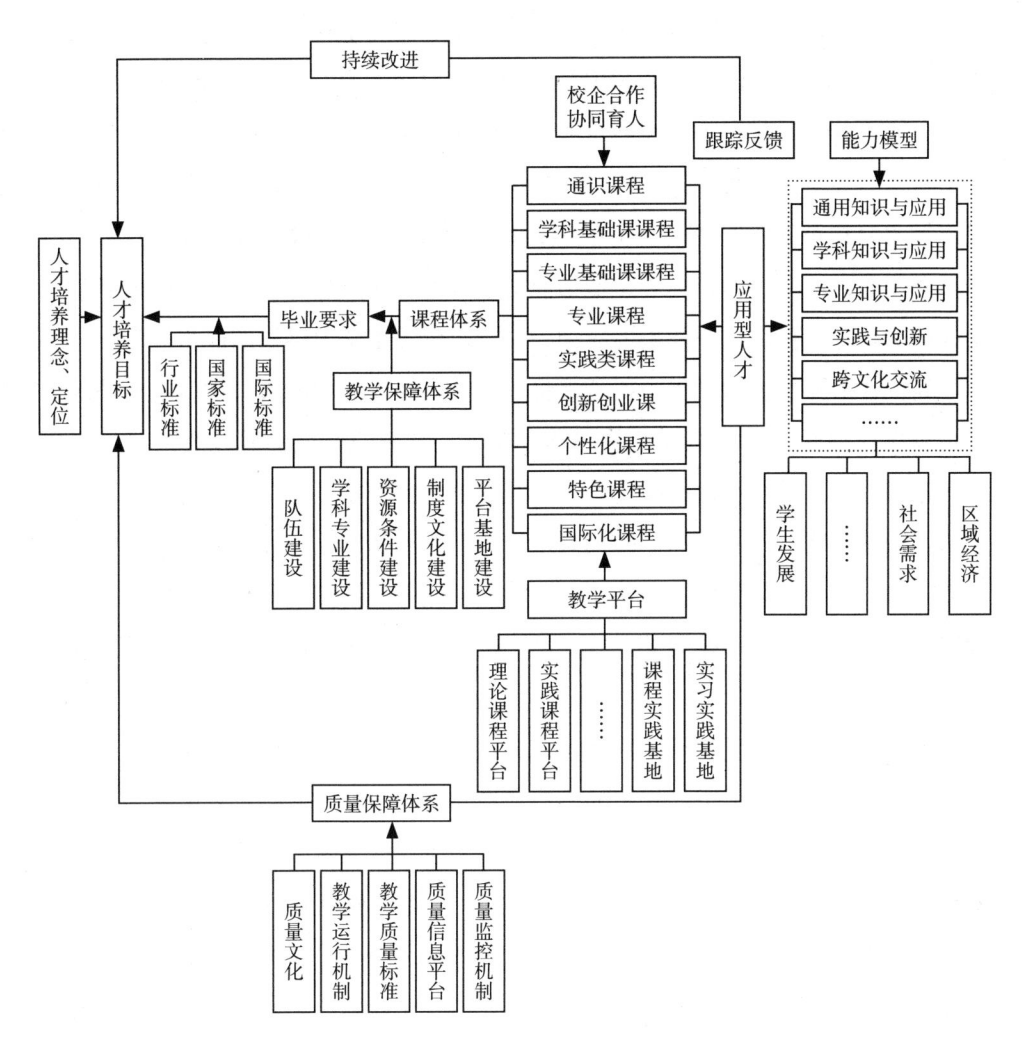

图2-3 能力导向应用型人才培养体系

正如人的智能是多元的一样，学生能力也是一个多元的智能结构。应用型人才能力培养，既要关注一般的能力（如学习能力、发展能力、智力能力等），也要关注某一方面具体的能力（如沟通能力、职业能力、创业能力等）。在OBE理论指导下，高校以学生能力培养为目标，通过应用型人才培养定位形成人才培养目标，毕业要求支撑培养目标实现，课程体系支撑毕业要求实现。

在以能力为导向的人才培养体系设计中，高校的主要任务是培养人才。越来越多的国家和国际组织尝试以通用（核心或关键）能力为切入点建构高校学生能力框架。什么是能力？哈特认为，能力是促使个体在工作中有卓越表现的个人特质，其既包含可见的能力，如知识和技能，也包含潜隐的能力，如个人特质和动机等。能力的培养贯穿个体发展始终，个体从出生开始，就通过各种学习活动来塑造自身的能力。高校因自身的有限性，在人才培养过程中通过三种能力模型来确定能力结构维度：一是胜任力模型，这一模型在人力资源管理领域应用广泛；二是专业能力模型，即在标准、资格能力层面建立通用能力模型，不同国家的劳动部门、企业等关注这一模型的应用；三是评价学生学习结果的能力模型。

高校在培养学生的过程中要着重将其培养成为发展中的人，也就是所谓的职场预备军，因此，高校不能只关注学生在某一领域或情境的胜任资格或学习成果，原因之一是学生在校期间的学习以及学生之后的发展具有更多可能性，另一个原因是学生在胜任专业的基础上有可能会超前或超越。高校在培养学生通用能力的同时，还要培养学生的专业能力。这两种能力的培养是相互促进的，通过专业能力的培养促进通用能力的形成，反过来，通过通用能力的形成更好地培养专业能力。

大学生能力的培养必须与社会生产方式、社会需求、区域经济发展的变革相适应。为应对全球化和市场经济的挑战，提高人才培养质量，以及国家人力资源优势和竞争力，高校需要培养具有国际视野的应用型人才，在理论、实践及技能上与世界接轨，以 OBE 的教育理念为导向，优化课程设置，推进分级教学，因材施教，进而以学生创新为主导来优化课程体系。同时，高校应该提高教师的业务能力，引入相应的竞争机制。❶现阶段，国家、社会、企业对劳动者的能力和素质提出了更高的要求。国家、社会期待学校培养的人才能够适应快速变化的工作环境。

企业认为高素质人才应该具备多种能力，如专业能力、适应能力、思考能力，以及解决问题和沟通合作的能力等，这就意味着高校如果只培养学生的职业技术能力是狭隘的，因此，为适应社会和个人发展所需，高校还必须培养学生的通用能力和专业能力。纵观全球，我们发现一些国家和组织在培养人才的通用能

---

❶ 马然，武永花．高校国际化应用型人才的素质构成与培养模式研究［J］．中国成人教育，2016（11）：52-54．

力方面提出的要求既具有一定的共性，也有各自的特点，如表 2-1 所示。

表2-1　国家/组织通用能力框架

国家/组织	通用（核心）能力框架
联合国教科文组织	①学会追求新知（学习力、专注力、记忆力、思考力）；②学会做事（职业技能、社会行为、创新进取、冒险精神、团队合作）；③学会与他人相处（认识自己、认识他人、同理心、实现共同目标的能力）；④学会发展（自我规划与定位、多元化表达能力、丰富人格特征、责任承诺）；⑤学会改变（适应改变、积极改变、引导改变、接受改变）
澳大利亚	①有效沟通能力；②团队协作能力；③解决问题能力；④规划和组织能力；⑤自我管理能力；⑥学习能力；⑦创新和创业能力；⑧运用科技能力
英国	①沟通能力；②解决问题；③个人技能；④计算能力；⑤信息技术应用能力
欧盟	①运用母语交流的能力；②运用外语交流的能力；③运用数学与科学的能力；④信息与通信技术（ICT）应用能力；⑤学会学习；⑥人际互动与参与社会的能力；⑦创业家精神；⑧文化表达能力和文化意识
美国	三项能力：①基本能力（听、说、读、写、算等）；②思考能力（决策、问题解决、推理等）；③个人特征（责任心、自我管理、诚实等）
	五项能力（卓越员工要求）：①互动能力（领导、协商能力等）；②系统思考（辨识和改进的能力）；③规划与资源管理（高效利用资源）；④信息；⑤科技（应用技术解决问题）
加拿大	①基本能力（沟通、解决问题、信息检索能力等）；②个人管理（适应能力、终身学习能力）；③团队合作；④价值观和态度（诚实、责任心）

高校应用型人才培养需要根据学生发展、社会需求、经济发展情况等因素对学生能力要求进行分析，通过能力模型构建学生能力维度。同时，高校也应该认识到，学生能力模型即使有共同的元素或维度，但其内容因时空不同而存在差异。每个地区、学校、专业都可以建立自己的能力模型。它是一个共性与个性相结合的、动态的、不断发展的过程。高校要清楚地认识到，建立能力模型要体现和反映社会需求，促进学生成长。建立能力模型的目的是作为支持质量持续改进的工具，为人才培养提供依据和遵循。通过建立能力模型，学生在高校中容易获得成功，为未来的职业发展和个性发展奠定基础。

从个体发展角度来看，人的基本能力主要包括三个方面：个体理性能力、运用工具能力、适应环境能力。个体理性能力是指"认识自己"的能力，它体现的是个体尊崇道德及追求真、善、美价值观，这是人的最根本属质。运用工具能力是一项既古老又现代的能力，人类活动的基本特征就是有意识、有目标地发明并运用工具，其中，语言工具是最具代表性的工具。通过语言的沟通与交流，以及文字的保存与传播，人类文明得以继承和发展。因此，运用工具能力是人的基本能力之一。适应环境能力在此特指适应社会环境变化的能力，包括人类社会和科技发展带来的职业环境的变化、政治环境的变化和人文环境的变化，需要个体掌握复杂且多元的能力积极应对。

高校通过课程设计和教学内容设计对专业能力和通用能力进行培养。在实际工作中，各高校要对办学理念、学校定位、发展历史、所在区位和战略目标等进行综合研究与分析，形成学校人才培养的学生能力结构维度，并以能力结构形成为目标导向来逆向构建人才培养体系。

在人才培养体系中，课程体系、教学保障体系和质量保障体系至关重要，涵盖了学校建设的方方面面。这三个子体系既相互独立，又相互支撑。课程体系包括课程类型、课程结构、课程关系、课程安排、课程标准、课程评价等内容。教学保障体系包括队伍建设、学科专业建设、资源条件建设、制度文化建设和平台基地建设等内容。质量保障体系包括质量文化、教学运行机制、教学质量标准、质量信息平台、质量监控机制等内容。

高校在人才培养体系的建设与设计中，要坚持顶层设计与各部分设计、各层级设计相结合原则，通过顶层设计指导各部分设计、各层次设计，通过各部分设计、各层级设计支撑顶层设计目标的实现。

第二节 新阶段高校应用型人才培养方案设计

新阶段高校应用型人才培养工作主要是通过课程来实现的，学生在学校是通过学习课程来完成学习任务、实现学习目标的。因此，课程体系与课程设计是高校应用型人才培养工作的重中之重，新阶段高校的一切工作都是围绕和服务于课程建设工作来开展的。课程体系建设和应用型人才培养工作明确落实的标志是高校应用型人才培养方案设计、制订与实施。

一、应用型人才培养方案设计的理论基础

应用型人才培养方案设计的主体是课程体系建构，课程体系建构的理论基础是由课程论奠定的。

（一）夸美纽斯的泛智主义课程论

夸美纽斯主张对教学时间和教学科目做巧妙的安排。他说："一门功课的排列，应组成一个百科全书式的整体，其中一切部分全该来自一个共同的来源，各在各自的正当地位。"❶ 这也是各级学校制定课程标准或教学计划最初的理论依据。在夸美纽斯的理论观点中，学校安排的课程之间必然存在一定的联系，教学实践必须与客观事物相联系，学科之间要建立性质层面的联系，所谓的分科教学也只是为了教学实践上的方便，避免知识在传授过程中出现割裂现象，因此加强课程之间的联系很有必要。

在教学实践发展过程中，泛智主义课程论的作用不容小觑，无论是在课程体系设计层面，还是在课程设置的循序渐进层面，抑或在课程组织和教材之间的联系层面，夸美纽斯的这些观点和主张在现代教学观点日益增多的今天，依然具有很高的指导性。

（二）泰勒的目标模式课程论

泰勒在《课程与教学的基本原理》一书中提出的目标模式课程论在课程论的发展史上具有里程碑意义，后续研究都将其当作课程研究的范式。目标模式是建立在实用主义哲学的价值论和行为主义心理学的方法论基础上的课程研制模式。目标模式也被称为泰勒原理。泰勒围绕四个基本问题来阐述课程论原理：一是高校试图实现什么样的教育目标；二是高校要为学生提供什么样的教育经验才能实现这些目标；三是如何有效地组织这些教育经验；四是如何确定这些目标正在被实现。

关于"高校试图实现什么样的教育目标"，泰勒论证了教育目标的三个来源：对学生的研究；对当代社会生活的研究；学科专家的建议。泰勒认为，有两个准则决定了学校对教育目标的筛选。第一个准则是高校信奉的是教育和社会的哲

---

❶ [捷]夸美纽斯.大教学论[M].傅任敢，译.北京：人民教育出版社，2014.

学，它是最基本的社会价值观。例如，高校信奉的是高等教育政治论哲学还是认识论哲学，或高校崇尚的是自由教育还是普通教育，抑或职业教育。第二个准则是选择教育目标的准则，这一准则是学习心理学的研究重点。也就是说，高校在设计教学目标时要考虑学习心理学的相关内容。对于教育目标而言，泰勒认为，最有效的教育目标就是指明学生的行为养成方式，同时告诉学生这种行为的应用场景和具体内容。

关于"要为学生提供什么样的教育经验才能实现这些目标"，泰勒指的不仅是课程所涉及的内容、教师所从事的活动，还包括学习者与学习对象及环境、条件的相互作用。泰勒提出了选择学习经验的五条原则：①学生必须具有使其有机会实践这个目标所隐含的那种行为的经验；②学习经验必须使学生由于实践目标所隐含的那种行为而获得满足感；③学习经验所期望的反应，是在有关学生力所能及的范围之内；④有许多特定的经验可用于实现同样的教育目标；⑤同样的经验往往会产生不同的结果。

关于"如何有效地组织这些教育经验"，泰勒提出了组织教育经验或学习经验的主要准则和一般程序。主要准则包括连续性、顺序性和整合性。连续性是指"直线式地重申主要的课程要素"；顺序性是指"把每一后继经验建立在前面经验的基础之上，同时又对有关内容做更深入、广泛的探讨"；整合性是指"经验的组织应该有助于学生逐渐获得一种统一的观点，并把自己的行为与所学习的课程要素统一起来"。

关于"如何确定这些目标正在被实现"，泰勒提出了课程评价的程序，主要包括确立评价目标、确定评价情境、设计评价手段、利用评价结果。

泰勒的目标模式为人们提供了一个课程研究的范式，该模式的产生对课程开发研制具有深远意义。无论人们持有什么样的哲学观点，如果不研究泰勒提出的这四个问题，就不可能全面地探讨课程问题。

（三）杜威的实用主义课程论

杜威是美国实用主义哲学的代表人物。杜威的哲学是"自然的经验主义"或"经验的自然主义"。杜威所说的经验是主观的，而不是对客观世界的反映，这表现出他的哲学的主观唯心主义实质。杜威认为，课程的设置只能顺应自然倾向，并发展和满足自然倾向，不能压抑和违反自然倾向。杜威的"儿童中心论"与罗杰斯的"学生中心论"有十分紧密的联系，罗杰斯的"学生中心论"在一定程度上是对杜威教育思想的复归。

杜威认为，教育即经验的改造或重组，教育即生长，教育即生活，学校即社会，这些观点构成了杜威对教育本质的认识。杜威的课程观主要包括注重实用的课程价值观、注重课程社会意义的课程目标观、注重活动课程和学科课程相结合的课程模式、"做中学"的课程实施观等。

杜威的课程思想是特定社会历史条件下的产物，它对教育本质的论述和对课程的理解，对高校进行课程设置具有一定的参考价值。

二、应用型人才培养方案的制订

应用型人才培养方案是应用型人才培养的核心文件，也是较重要的教学文件，它明确规定了应用型人才培养的学制、年限、目标、规格，并对专业学习涉及的工作岗位、工作任务和职业能力进行详细分析。该方案要求对专业课程体系从基本素质、通用能力、核心能力、拓展能力到综合训练等课程进行描述，要求对教学过程制订详细的实施计划。

高校在制订应用型人才培养方案、实施教育教学的过程中，要认真学习，充分理解，准确把握《普通高校本科专业类教学质量国家标准》（以下简称《国家标准》）的内涵及要求，从人才需求、教学理念、培养定位、培养目标、课程体系等方面全面审视应用型人才培养体系建构的过程。

第一，调研专业人才培养现状及需求发展趋势。应用型高校要以市场人才需求趋势为依据来设计人才培养方案。这种趋势包括专业人才培养的数量趋势、结构趋势、专业技术发展趋势、特色趋势等。在调研过程中，高校要充分听取行业、企业专家意见，听取学科专家意见、毕业生意见、用人单位意见等，有条件的专业可以借助第三方机构进行调研与评估，形成专题调研报告，指导应用型人才培养方案的制订工作。

第二，确定应用型人才培养定位。应用型人才培养最基本的定位是"应用型"和"本科"两个关键定位，要充分体现本科教育的基本要求，把本科、研究生和专科（高职）区分开来。本科教育与职业教育是两种不同类型的教育。本科教育具有更加明显的面向未来发展的特征，更重视培养职业的转换和职业生涯的可持续发展能力。本科教育培养的毕业生需要具有一定的理论基础和创新能力，具备综合运用知识和方法，灵活地、高效地解决实际工作问题的能力，能胜任一线技术开发、管理与服务工作，而不是仅具备应用已经成熟的技术去重复解决某些简单问题的能力。总体而言，"了解原理，掌握方法，懂得技术"对于应用型人才来说是比较适切的。

第三，始终坚持贯彻《国家标准》，既要防止盲目求高求大倾向，又要摆脱职业教育的思维惯性。高校要结合学科专业特点，重视培养学生理论与实践相结合的能力及学习能力，使学生了解基础理论的作用、应用原理的方法，掌握理论与实践相结合的方法与技术。

第四，确定应用型人才培养目标。应用型人才培养目标需要符合学校的定位，适应社会经济发展需要，能够反映本专业毕业生的主要就业领域、性质、核心竞争优势以及毕业五年后的职业发展预期。应用型人才培养目标要具体明确并能分解落实，切实有效指导应用型人才培养过程。应用型人才培养目标具有三个特点：①明确学生毕业时及毕业五年后具备哪些能力，能解决什么样的问题；②适应社会经济发展需要；③对应用型人才培养过程起"制导"作用。

应用型人才培养目标要明确说明毕业生应该具备哪些素质和能力，适应哪个领域的工作，适合哪种类型的单位或岗位。因此，高校需要注意应用型人才培养目标不能定成口号式目标，不宜用华丽的词汇描述，也不能对优秀毕业生抱以过高期望。

高校要定期评价应用型人才培养目标的合理性，并根据评价结果对培养目标进行修订，评价与修订过程中可以邀请行业或企业专家参与。合理性评价要反映学校定位、社会经济发展需要、自身实际、社会期望等。高校要制定评价制度与实施方案，明确评价周期、数据来源、主要参评人及结构、评价结果使用等内容。高校还要制定修订制度，包括修订周期、过程、主要参与人、主要执行人等。

第五，确定毕业要求。根据定期评价人才培养目标的要求，毕业要求应具体化，成为培养目标的支撑。毕业要求要体现高校教育是为了让学生能够在未来解决实际问题，发挥毕业要求引导课程教学目标的作用。另外，毕业要求还要体现学生必须掌握的基础知识和能力，将传统的知识性教育转变为能力导向的应用型教育。各专业要通过深入调研和仔细研究，明确学生毕业时胜任预期工作需要具备的知识、能力、态度、技能等，并给予相对明确的描述。

《国家标准》要求专业必须有明确、公开、可衡量的毕业要求，毕业要求应能支撑培养目标的达成。特别需要指出的是，各高校要准确理解《国家标准》，形成自身的重点与特色，明确毕业要求表述的可衡量性，分解指标点的逻辑合理性、评价的可操作性。工程类专业认证通用毕业要求，共有12条，如表2-2所示。文科类专业认证通用毕业要求，共9条，如表2-3所示。

表2-2 工程类专业认证通用毕业要求

序号	毕业要求
1	工程知识：能够将数学、自然科学、工程基础和专业知识用于解决复杂工程问题
2	问题分析：能够应用数学、自然科学和工程科学的基本原理，识别、表达并通过文献研究分析复杂工程问题，以得出有效结论
3	设计/开发解决方案：能够设计针对复杂工程问题的解决方案，设计满足特定需求的系统、单元（部件）或工艺流程，并在设计环节体现创新意识，考虑社会、健康、安全、法律、文化及环境等因素
4	研究：能够基于科学原理并采用科学方法对复杂工程问题进行研究，包括设计实验、分析与解释数据并通过信息综合得出合理有效的结论
5	使用现代工具：能够针对复杂工程问题，开发、选择与使用恰当的技术、资源、现代工程工具和信息技术工具，包括对复杂工程问题的预测与模拟，并理解其局限性
6	工程与社会：能够基于工程相关背景知识进行合理分析，评价专业工程实践和复杂工程问题解决方案对社会、健康、安全、法律及文化的影响，并理解应承担的责任
7	环境和可持续发展：能够理解和评价针对复杂工程问题的工程实践对环境、社会可持续发展的影响
8	职业规范：具有人文社会科学素养、社会责任感，能够在工程实践中理解并遵守工程职业道德和规范，履行责任
9	个人和团队：能够在多学科背景下的团队中承担个体、团队成员及负责人的角色
10	沟通：能够就复杂工程问题与业界同行及社会公众进行有效沟通和交流，包括撰写报告和设计文稿、陈述发言、清晰表达或回应指令，并具备广阔的国际视野，在跨文化背景下进行沟通和交流
11	项目管理：能够理解并掌握工程管理原理与经济决策方法，并在多学科环境中应用
12	终身学习：具有自主学习和终身学习的意识，能够不断学习和适应发展

表2-3 文科类专业认证通用毕业要求

序号	毕业要求
1	具有人文底蕴、科学精神、职业素养和社会责任感，了解国情、社情、民情，践行社会主义核心价值观（综合素养/价值观）
2	具有扎实的基础知识和专业知识，掌握必备的研究方法，了解本专业及相关领域最新动态和发展趋势（知识/技能/视野）
3	具有批判性思维和创新能力，能够发现、辨析、质疑、评价本专业及相关领域现象和问题，表达个人见解（思维/创新）
4	具有解决复杂问题的能力，能够对本专业领域复杂问题进行综合分析和研究，并提出相应对策或解决方案（解决问题）
5	具有信息技术应用能力，能够恰当应用现代信息技术手段和工具解决实际问题（使用工具）
6	具有较强的沟通表达能力，能够通过口头和书面表达方式与同行、社会公众进行有效沟通（沟通表达）
7	具有良好的团队合作能力，能够与团队成员和谐相处、协作共事，并作为成员或领导者在团队活动中发挥积极作用（团队合作）
8	具有国际视野和国际理解能力，了解国际动态，关注全球性问题，理解和尊重世界不同文化的差异性和多样性（国际视野）
9	具有终身学习意识和自我管理、自主学习能力，能够通过不断学习，适应社会和个人可持续发展（终身学习）

通用版的专业人才培养毕业要求是一个参考模式，各学校、各专业要发动教师、学生、研究人员广泛参与，结合自身的办学定位、办学理念、办学方向、办学特色进行个性化修订，使之成为本校、本专业的毕业要求，指导本校、本专业的课程建设、教学改革与实践。

第六，构建课程体系。课程体系是整个人才培养方案的最终表现形式，学校的理念、定位、培养目标、毕业要求、特色等都需要通过课程体系的设计来落实和呈现，因此，课程体系设计是整个培养方案制订过程的核心内容。课程体系设计要站在人才培养的高度，使之成为保障毕业要求实现的载体。同时，高校要将毕业要求和各项要求转化为指标，分解成可以落实到对应课程的指标点，建立毕业要求与课程体系中课程的多点对应关系，以提高培养方案的科学性和对培养目标实现的支撑性。

工程类专业认证通用毕业要求特别强调了"复杂性工程问题解决能力"的培养，复杂性工程问题的基本特征表现在"必须运用深入的工程原理经过分析才能解决"。本科人才培养聚焦"复杂",这与专科层次或职业类型的人才培养进行了区分,反映在课程上,体现出"高阶性、创新性、挑战性"特点,这也是"金课"建设的要求。

从本科教育的定位来看,本科教育应使学生具有一定深度的理论基础,具体包括两个方面的含义:一方面,本科毕业生需要有理论基础;另一方面,理论基础的程度是不同的。对于"双一流"高校来说,"一定深度"可以理解为"深厚"的理论基础;对于省属重点高校来说,"一定深度"可以理解为"较为宽厚"的理论基础;对于一般省属新建本科高校来说,"一定深度"可以理解为"适度够用"的理论基础。对于应用型高校来说,理论基础至少应"适度够用"。

应用型高校还需要体现"应用"特色。所谓"应用",就是要体现理论与实践相结合,基于理论指导开展实践工作,要体现理论指导下的、高水平的"动手"实践。本科层次的"应用"不能只体现为重复的、机械的、单一的、成熟技术的应用,还要体现出创造的、综合的、复杂的技术开发与应用,这才是与理论相结合的应用。

应用型人才培养的覆盖面比较大,从"双一流"高校到省属新建本科高校都可以培养应用型人才。但是,不同高校在生源、师资、资源、历史、体制等方面差别很大。因此,各高校应充分分析和准确把握自身的资源禀赋条件、战略发展方向,确定应用型人才培养特色方向和发展定位,只有这样,才能设计出适合的人才培养课程体系。

第七,构建持续改进的质量管理机制。全面质量管理理论要求建立PDCA循环。PDCA循环是将质量管理分为四个阶段,即计划(Plan)、执行(Do)、检查(Check)、处理(Act)。质量管理理论要求对各项工作制订计划、实施计划、检查实施效果。这一工作方法是质量管理的基本方法,也是教学质量管理各项工作的一般规律。

质量管理机制的重点是建设内部质量监控机制和毕业生跟踪反馈与社会评价机制。内部质量监控机制要保障课程体系的科学性、合理性,以及理论与实践课程的相互衔接;要监控教学过程质量,通过同行评教、督导评教、学生评教等方式监控整个教学活动过程;要通过课程教学和教学目标实现评教支撑培养目标;要根据各类教学活动过程的有效性评价结果,科学分析、综合研判毕业生达到毕业要求的总体情况。毕业生跟踪反馈与社会评价机制是评价毕业要求达成度和人才培养目标实现程度的重要依据，是检验人才培养质量的重要手段，是高校掌握毕业生就业状况、用人单位反馈意见和建议的重要途径。通过毕业生跟踪反馈，高校可以较为全面地了解毕业生质量，掌握社会、用人单位和毕业生对人才培养目标的实现情况。通过社会评价，高校可以明确社会对人才的需求状况，从而有针对性地调整专业培养目标、课程体系，提高教学质量。高校建立科学、全面的毕业生跟踪反馈与社会评价机制，对人才培养质量的不断提高具有重要意义。

毕业生跟踪反馈与社会评价可以通过用人单位访谈、毕业生访谈、校友会问卷、用人单位问卷、网络问卷调查等形式开展，对调查结果进行质性研究，得到合理、科学、具有指导意义的调研结果，促进人才培养工作的改进与提高。

应用型人才培养方案总体设计如图2-4所示。

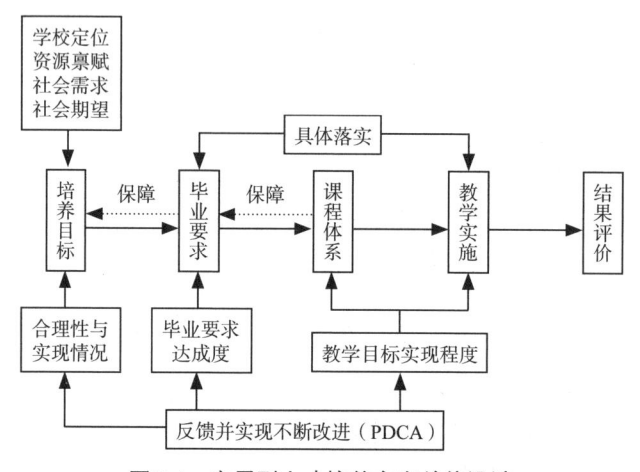

图2-4 应用型人才培养方案总体设计

三、应用型人才培养课程体系设计

课程是人才培养的基础和媒介，合理的课程设计、有效的课程实施、科学的课程评价是高质量人才培养的必备条件。应用型本科课程设置要从学生发展、就业和升学所需的知识和能力出发进行整体设计，更多地关注知识的社会性和实用性，增强理论与实践的联系。在教学方法上，高校要着力开展项目式教学，培养学生解决复杂问题的能力；通过综合实践环节训练，培养学生的学习能力、知识迁移能力和创新应用能力。

（一）课程结构组成

课程类别由必修课程、选修课程组成，其中又可分为专业必修、专业选修（任选、限选）；依据课程知识、课程可分为学科基础课程、专业基础课程、专业课程等。应用型人才培养课程体系如图2-5所示。

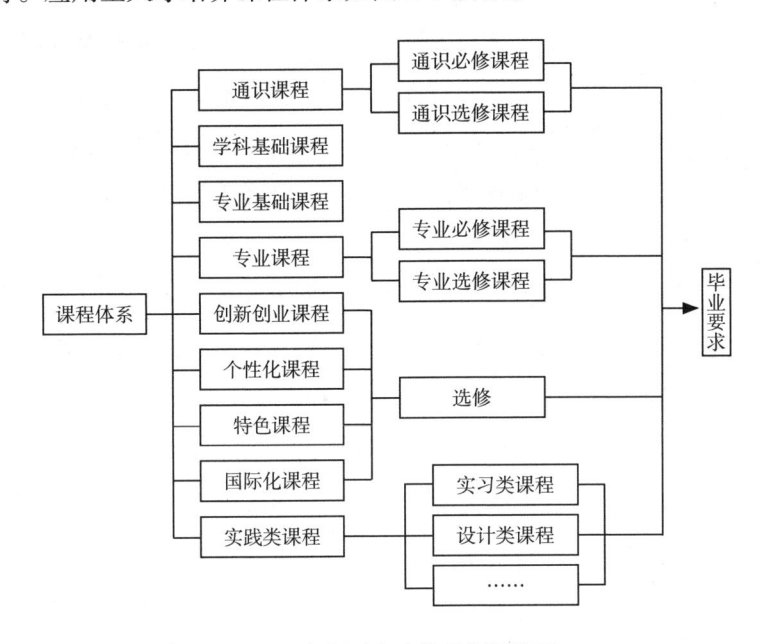

图2-5　应用型人才培养课程体系

在课程体系中，人文社科类课程占比大于15%，数学与自然科学类课程占比大于15%，实践类课程占比大于20%（具体指独立设课的实践类课程，不含理论课程内的上机、实验等），学科基础课程和专业基础课程占比大于30%。

在课程设置中，应用型高校存在五方面问题。一是课程同质化倾向严重，缺乏办学特色。应用型本科高校特别是新建本科高校，在课程设置方面，模仿照搬传统高校课程构架的现象比较普遍，有些高校的课程直接借用了传统高校的专业人才培养方案，没有结合自身的培养目标定位来设计，失去了课程和专业特色。二是公共基础课过多，课程结构不合理。多数应用型本科高校存在公共基础课所占学分比例偏高现象，公共基础课占用理论课的学时学分，理论课占用实践课的学时学分，其结果是实践教学课程的学分被占用，与应用型人才培养定位不相符。三是课程数量偏多。有的课程内容重复，或仅有少量的不同，先修课程与后续课程在内容和时间上没有很好地衔接，导致学时浪费，学生上课时间过长，留给学生自由支配的时间不足。四是必修课程数量过多，选修课程数量不足。有的高校在选修课中还设置了"限选课"，实际上就是必修课。高校通过增加必修课数量、扩大班级规模来解决教学资源不足的问题，而选修课、实践课大都需要小班教学或小组教学，增加了教学资源投入。五是培养综合素质的课程偏少，质量不高，要求不严。个体对社会的贡献及适应社会变化的能力，更多地取决于个体的综合素质。应用型本科高校在培养学生专业核心能力的同时，必须兼顾学生人文、科学综合素质的培养，强调课程的综合效应和实用效应，使学生符合不同职业岗位的需要。

在教学资源不足的情况下，高校可以通过网上课程、开放课程平台等在线学习方式来弥补不足；可以将课程平台上的优质公共课、学科基础课推荐给学生学习，并纳入学分管理体系，压缩课内教学课程数量和学时数。例如，原来高校数学是96学时，现在通过线下（课堂）58学时+线上（平台）38学时来完成。学生在课程平台的学习，既可以为学生提供高质量的课程产品，又可以使学生利用课后、假期的时间学习，使学生学习由课内延伸到课外，拓展学生的学习时间和空间，实现课程的泛在性学习。教师可以将节省的课时和教学资源用于增加选修课、实践课等综合性、个性化课程的教学，以不断提升学生的实践能力和综合应用能力。

高校在课程设置中还应增加国际化课程。在全球一体化的背景下，我国高校增设国际化课程的目的在于拓宽学生的国际视野，让学生了解外国的历史、政治、地理、文化、风土人情等，以及由这些独特内容所构成的世界文化，培养学生以正确的世界观和价值观看待中西方文化的差异。

（二）课程类型

与课程结构同样重要的是课程类型的设置。课程类型既要体现不同的课程达成同一个目标，也要体现同一门课程达成不同的目标。按知识内容，课程可以划分为人文与社会科学类课程、数学与自然科学类课程；按性质，课程可分为学科基础课程、专业基础课程和专业课程，其中又可分为理论课程、实践课程等；按修课形式，课程可分为选修课程和必修课程。

人文与社会科学类课程要求学生在从事具体工作方案或设计方案时，要考虑经济、社会、环境、法律、道德、伦理等各种因素的作用，而不只是考虑专业方面的要求。同时，人文与社会科学类课程要求学生成为全面发展的个体，为职业转换、职业发展奠定基础。

现代社会的发展除了体现在技术进步以外，还体现在人的自身发展与进步。与科学技术现代化相比，更难、更重要的是人自身的现代化。科学技术的现代化水平与速度远远快于人自身的现代化水平与速度，两者之间的不匹配，导致社会问题层出不穷。例如，互联网技术的发展大幅提升了整个社会的科技水平，由于人的现代化速度没有跟上互联网的发展步伐，导致网络环境下社会、道德、伦理等一系列问题的产生。再如，汽车、钢铁的大量消费在给人类带来便利、舒适生活的同时，也消耗了大量能源，使环境的承载能力达到极限。诸如这些问题，仅仅靠科学技术的进步是很难解决的，更需要人类文明的共同进步来实现。

高校教育作为"育人"而非"制器"的活动，特别需要充分认识和理解人的复杂性、多样性和发展性，既要通过科学育人，更要重视文化育人的作用。文化育人则使人充满内涵、满怀情感、展现道德、崇尚美好。

数学与自然科学类课程可以帮助学生掌握理论和实证研究的方法，为学生科学、严谨地表述问题，恰当地选择模型与工具，进行分析推理奠定基础。在人才培养或课程教学过程中，体现科学与人文的平衡是一种重要的理念。高校通过数学与自然科学学习培养学生的严谨性、逻辑性和工具性，使学生能够在毕业后找到合适的工作，并且应用专业技术、方法、工具解决实际问题。但是，从长远来看，高校人才培养过程中不可缺少人文素养的培育与养成。

学科基础课程和专业基础课程体现专业能力、应用能力和应用技术的培养，而实践类课程体现的是实践能力的培养。

高校教师要积极参与培养方案、课程体系的制定过程，掌握课程体系设计思想，树立人才培养的全局观。课程体系设计能够使整个人才培养过程与目标相衔接，每门课程、每位教师都能通过课程教学环节和过程为实现人才培养目标付出努力，做出贡献。高校在课程类型设计中，要使人文与科学、理论与实践课程比例相适应，既要满足学生的就业要求，又能为学生职业发展提供动力。

（三）课程布局

良好的课程体系结构和课程内容的实现要通过具体的课程实施计划即通过每个学期的课程设置布局来体现。每个学期的课程安排计划既要反映课程体系结构要求，又要符合课程内容规律。学生的认知规律一般是从初级到高级、从具体到抽象、从理论到实践，高校在安排课程布局时要充分考虑这种认知规律，如图2-6所示。

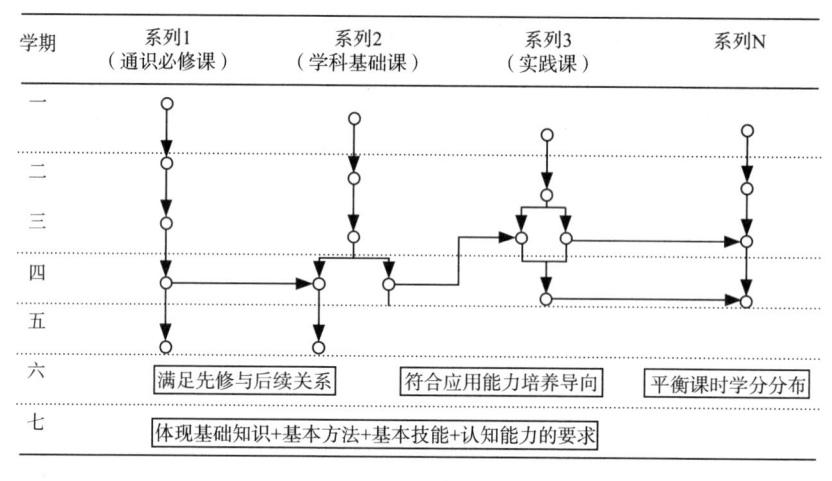

图2-6 课程布局框架

课程布局要体现各类课程在逻辑上的联结关系，这种逻辑既可以是知识逻辑，也可以是实践逻辑或工作逻辑。理论课要重点考虑按知识逻辑来编排课程布局。实践课则要满足工作逻辑。课程布局设计要考虑四个因素。第一，先修与后续课程之间的关系。周密设计基础课程与专业课程之间的开课关系，使两类课程之间的衔接更紧密。第二，实践课程与理论课程之间的关系。有的理论课程在上学期开设，而与这门理论课程联系紧密的实践课程则在下学期开设，这种布局就不合理。第三，必修课与选修课之间的关系。避免某一学期是密集的必修课，而另一学期又是密集的选修课。第四，科学课程与人文课程的布局。针对文科学生开设的科学课程和针对理工科学生开设的人文课程要贯穿整个高校学习过程，不能把这类课程作为"粉饰"课程。

（四）教学实施

完整的人才培养过程不仅包括培养目标、毕业要求、课程体系、评价评估、持续改进的体系框架，还包括课程结构、课程内容、课程布局设计等，更需要将以上内容落实到教学活动中，反映在课程教学内容中。完整的专业教育内容体系不仅包括知识，还包括学科方法、工具技术等，通过教学设计和实施来实现课程目标。知识学习是能力培养的载体，不同类型的人才培养需要不同学科形态的内容，教学设计的具体形式是通过教学大纲来体现的。

传统的教学大纲设计是以章节为导向的，以章节顺序呈现知识内容体系，其特点是知识呈现与教材内容顺序保持一致，便于教师组织教学，教材、PPT、教学设计过程比较简单，无须（或较少）对教学内容进行重构，核心理念是"以教师为中心"。其不足是显而易见的，学生仅仅停留在适应教师教学活动过程和教材内容顺序上，主动学习能力或动力未能得到有效激发，教师讲授整门课程主要是反映一本教材的内容。章节导向、知识导向的教学大纲设计（局部）如表2-4所示。

表2-4 章节导向、知识导向的教学大纲设计（局部）

章节导向的教学大纲设计	知识导向的教学大纲设计
课程名称：……	课程名称：……
总学时数：……	总学时数：……
1.课程性质：……	1.课程性质：……
2.教学目标：……	2.教学目标：……
3.教学重点、难点：……	3.总学时：……
4.教学方法与手段：……	4.先修课程：……
第一章	知识点1（知识单元1）
一、教学要求	一、教学要求
了解：……	了解：……
掌握：……	掌握：……
二、教学内容	二、教学内容
1.1……	1.1……
1.2……	1.2……
……	……

为了弥补章节导向的教学大纲设计的不足，适应能力导向的教学要求和实现课程目标，教师开始探索知识导向或问题导向的教学大纲设计。

以知识体系为导向编制的教学大纲，始终关注知识点对课程目标的达成程度，以知识点为最小单元重构教材结构和教学过程，需要教师整体把握整门课程的教学目标和单个知识单元之间的关系，对教师备课、授课和学生的预习、复习提出了更高要求。在这个重构活动中，教师不再囿于一本教材的内容，而是综合多种教材或参考书的内容来完成一个知识单元的讲授，可以有效避免"一本书高校"现象的出现。学生不再只读一本教材，而是需要参考多本相关书籍，甚至查阅更多相关资料，才能适应教师的教学活动和知识单元的学习活动，从而激发学生主动学习的积极性。

更进一步而言，高校教师开始开展以问题为导向的教学设计研究，从教学过程中问题的引起、问题的分析、问题的解释、问题的解决等方面培养学生自主性学习、合作性学习、探究性学习的能力。对一门课程按问题导向进行教学设计是一项富有挑战性和创造性的工作。

以知识单元或知识点为单位进行教学大纲设计的显著优势是有利于评价课程教学目标的达成。教师要时刻评估课程教学目标的达成度，这既是外部评估的要求，也是教师不断提高教学质量、效果的内在要求。教师要通过这种评价方式来促进自我反思，提高教学效果，因为这种自我评价与反思远胜于外部评估所要求的课程评价。

以知识单元或知识点为单位进行教学大纲设计的另一个优势在于可以对学生学习过程的考核与评价进行改革。目前，教师普遍采用考试的方式来评价学生的学习成效，这种考核方式具有一定的片面性。教育教学改革要求教师的评价维度多元化、个性化、过程化，基于学习过程的形成性评价方式开始受到教师的关注。以知识点为单元设计的教学大纲清晰明确地反映了知识点与知识点之间的关系，为形成性考核评价提供了充分依据。以前，学生知道学习了哪门课程；现在，学生不仅知道学习了哪门课程，还知道学了哪些知识点，这些知识点之间是什么关系，哪个知识点掌握得较好、哪个知识点掌握得较差等，为今后的学习改进指明了方向和重点，也使学生更明确整门课程的学习目标达成情况。

第三节　新阶段高校应用型人才培养实践教学体系设计

实践教学是培养学生认知能力、解决问题能力、操作能力、创新能力的教学环节，是培养学生"知行合一"和知识转化能力的重要环节。实践教学体系围绕人才培养目标，运用系统的理论和方法，对组成实践教学的各个要素进行整体设计，通过合理地设置实践课程和环节，旨在建立与理论教学体系相辅相成、结构与功能优化的教学体系。实践教学体系包括实践教学目标体系、实践教学内容体系、实践教学管理体系、实践教学条件体系和实践教学评价体系，如图2-7所示。

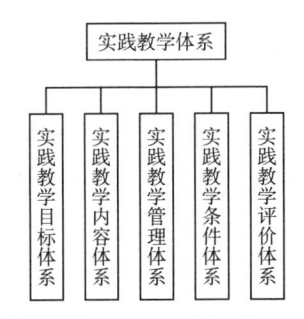

图2-7　实践教学体系构成框架

一、实践教学目标体系

实践教学目标是由整个人才培养目标决定的，为人才培养目标的实现提供支撑。对于应用型高校来说，实践教学目标是应用型人才培养目标的重要组成部分，是体现应用型人才培养特色的关键环节，是适应学生发展和职业成长的重要平台。

（一）实践教学目标体系的设计原则

1."知行合一"原则

知行合一是由我国明代哲学家王阳明提出的，即认识事物的道理与在现实中运用此道理是密不可分的。在王阳明看来,"良知"是知,"致良知"是行,是指人的实践。知与行的合一,既不是以知来代替行,认为知便是行,也不是以行来代替知,认为行便是知。知行合一是中国古代哲学中认识论和实践论的命题。中国古代哲学家认为,不仅要认识("知"),尤其应当实践("行"),只有把"知"和"行"统一起来,才能称得上"善"。

高校在实践教学中也要体现知行合一的精神与原则。从理论上、道理上明白的"知"并不是真知,更达不到"良知"的程度,还要通过实践才能达到真知程度和良知的境界。实践就是"行"的过程,是将科学的理论付诸实践的过程,是对科学理论的检验与创新过程。应用型人才培养目标要重点培养学生"行"的观念与能力,不能想当然地认为理论上了解了、学习了就自然能够实践了,这中间还存在较大的差距。

学校、教师、学生要树立大实践观,现在强调实践不是太多了,而是太少了;不是过了,而是不及;不是降低了,而是更高了。

目前,高校教师和学生中存在认识上的偏差,认为强调实践教学会降低人才培养的规格、层次、质量,这种认识是极其片面的。应用型人才培养缺乏实践的支撑就没有特色、没有生命力、没有个性。高校教师和学生要坚定一种信念,应用型人才、应用型高校一样是高质量、高水平的人才和高校。重视实践教学不仅不会降低教学质量与水平,反而对教学提出了更高的要求,实践教学会促进理论教学质量的提高。

2."理实一体"原则

实践教学体系要与理论教学体系相互融合、同步设计、同步实施、同步评价,与理论教学体系共同实现人才培养目标。这就要求高校理顺理论与实践类课程之间的关系,既不能重理论轻实践,把实践课程作为理论课程的补充,也不能重知识轻应用,把实践课程简单设计为对理论的一般验证,而应该根据人才培养的能力目标要求科学合理地设计理论与实践课程的时间顺序和空间环境。例如,验证性实验是在理论课前开设还是在理论课后开设?一般的设计是先学理论再做实验来验证理论的内容。另一种设计是先做低阶的实验,使学生从感性上认识某一领域的知识,这个时候,学生由于没有学习理论,只知其然而不知其所以然,甚至得不到实验结果,即使得到实验结果,也不知道这个结果说明什么问题或如何应用结果。这种情况下，再上理论课，学生就可以更有针对性地学习，能够将理论与实验场景相结合。学完理论课，再进行高阶实验，学生更有收获和体会，这样的实验安排就符合"从实验中来，到实践中去"的认知发展规律。这种理实一体化的实践课程可以实现应用型人才培养目标。

3. 应用创新原则

应用型人才培养目标不只是简单地应用原理、工具，更强调在复杂的工作项目中创造性地应用原理工具。这种"创造性"具体体现在四个方面：一是新的工作任务使得原有的原理、工具的应用条件发生了变化，不能简单地套用，需要对原理、工具本身进行再研究、再开发才能应用到新的工作任务中；二是新技术替代了原有技术，在工作中需要应用新技术，而新技术的原理是学生没有学过的，需要再学习；三是新的问题不能仅凭单一的原理、工具解决，而是需要利用集成性原理、工具才能解决；四是复杂的问题需要跨学科专业的原理、工具才能解决，这要求学生具备跨学科专业的学习能力。基于以上几种情况，教师在教学过程中要进行针对性训练，使学生加深对应用创新的理解。

4. 综合训练原则

综合性实践教学项目不仅是理论上的综合，还要体现科学与人文的综合、历史与未来的综合、国内与国际的综合、应然与实然的综合。无论是理工科毕业生还是文科毕业生，当面对复杂问题时往往不是依靠某种能力的训练就能解决，需要体现综合素养与能力，这种能力只能在具体的工程或项目实践中来培养。一项工程设计、一个产品研发，不仅要考虑技先进性、可行性等技术因素，还要考虑市场性、客户性、经济性、可持续性等非技术因素，这些非技术性因素往往决定了工程、产品、项目的前途和命运。所以，个体只有学会综合，掌握平衡，甚至是妥协，才能实现整体最优，牺牲局部和眼前利益、获得整体和长远发展就是一种综合能力。

（二）实践教学目标体系的建构原则

1. 系统性原则

实践教学目标体系的建构需要遵循系统性原则，不再片面地强调知识自身的逻辑性，而是与学生的认知过程、认知结构相联系。在关注理论教学系统性的同时，不应忽略实践教学系统性。事实上，实践教学同样是一项系统工程，是一个由实践教学目标、实践教学内容、实践教学管理、实践教学条件、实践教学评价等因素综合构成的体系。应用型人才培养目标应该体现"知识融合、工程实践、应用创新"的目标要求，通过具体分解目标的设计来促进"知行合一""理实一体"总体目标的实现。

2. 渐进性原则

实践教学目标体系的建构要体现从初级到中级再到高级、从个别到综合、从感性到理性、从现在到未来的渐进式要求，这也是学问逻辑、认识逻辑和教学逻辑的客观要求。也就是说，实践教学目标体系建构需要考虑理论知识的建构过程、学生的认知发展过程，以及不同的教学阶段，包括不同教学阶段的内容、深度、广度等，使整个专业实践教学目标形成一个从未知到已知、从简单到复杂、由浅入深、由表及里、循序渐进、不断深化的体系。

3. 规范性原则

规范性原则就是合理地组织和利用各种资源，获得较高的效率和效益。在实践教学目标体系建构中，规范性原则要求实践教学目标、实践教学组织、实践教学计划、实践教学运行、实践教学质量、实践教学基地建设以及实践教学制度明确具体，并在整个运行过程中能够规范、有效地利用各项资源。在合适的时间安排合适的活动，提高整个实践教学效率。规范性原则的另一层含义是在实践教学活动的各个环节均应具备科学规范的运作程序、评价标准、质量控制标准、制度规范等切实可行的操作标准，才能使各项实践教学工作具备可操作性，更好地控制其质量标准。只有做到上述操作规范，才能保证实践教学环节有计划地实施，切实提高教学质量。

4. 可行性原则

实践教学目标体系的建构还需要具有可行性，要使实践教学落实到实践教学活动过程中，完成实践教学内容，要从学生认识事物的表象到探索事物发展变化规律出发，综合考虑师资、资源、平台的可行性。应用型本科高校实践教学目标体系建构需要在客观条件、对象条件的基础上考虑实践教学的可行性。例如，教师在低年级阶段既不适合安排综合性实践项目和课程，也不适合安排创新创造性实践项目和课程。

（三）实践教学目标体系的建构

1. 总体目标

应用型人才培养实践教学目标体系建构的总体目标是从整个人才培养目标出发，建构包括通识基础能力、职业基本素养、岗位就业能力和职业发展能力在内的多层次的实践教学目标体系，最终实现"知行合一""理实一体"的总体目标。高校通过对"知识融合、工程实践、应用创新"所要求的能力素质进行分析，并针对这些素质能力要求，提出相应的实践教学能力目标体系。然后，将整体目标分解成基本素质、专业基本技能、专业技术技能、专业综合技能等子目标，建构时间上前后贯通、空间上相互支撑、内容上全面系统、环节上相互衔接、层次上逐步提升的实践教学目标体系。

2. 能力目标

从能力培养看，实践教学目标可以分为基础能力、综合能力、创新能力三个层次。基础能力主要指通过实践教学活动促进学生将教材中的理论基础知识运用到实践中，培养学生基本的动手操作能力，明确实践操作基本过程等。高校在大一、大二阶段开展能力培养活动，主要通过实验、实训等方式，由浅入深、由易到难逐步锻炼学生的实践操作能力，简单地说，就是学习掌握"用老方法解决老问题"的能力。综合能力主要指培养学生整合学科专业知识，解决一般工程或综合项目的问题，达到一般的综合项目实践目的的能力。学生需要通过合作性学习与实践来完成综合性项目，促使自身在学习过程中学会有效学习、互相合作与交流。综合能力培养主要在学生大三、大四阶段进行，通过生产实践、学科竞赛、社会调查等方式组织开展各种活动，掌握"用老方法解决新问题"的能力。创新能力是指通过实践教学使学生自主学习教师未讲授却需要应用的知识或技能，完成复杂工程或项目，培养学生的批判、反思和创新精神，掌握"用新方法解决新老问题"的能力。

3. 层次目标

实践教学的层次目标可以分为初级、中级、高级三个层次。初级层次主要反映和满足学生的基本技能与能力的需求和训练；中级层次主要反映学生应用知识、转化知识的能力培养与训练；高级层次主要反映学生综合知识和创新知识的能力培养与训练。实践教学目标结构如图2-8所示。

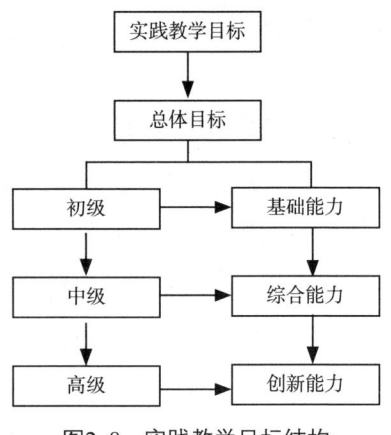

图2-8 实践教学目标结构

二、实践教学内容体系

（一）理论教学以必需、够用为度

理论教学要以应用为目的，以必需、够用为度，以讲清概念、原理，强化应用为教学重点，改变过于依赖理论教学，片面追求理论深度、难度、广度的状况，建立相对独立的实践教学体系，实践教学在教学计划中占有较大比重。理论教学既要体现学科逻辑设置课程，又要在难度、深度与广度的把握上根据实践教学的需要，重点体现基础理论课、专业理论课和专业课三大类课程。以实践性教学环节为线索，联结这三大类课程，使这三大类课程既分工明确、各有侧重，又相互联系，围绕实践性教学环节有机地组成一个不可分割、相互渗透的整体。

（二）"三课堂"联动

第一课堂：除实验、实训外，还包括课程设计、课程论文、专业综合能力实践（含毕业论文、毕业设计）等实践性教学环节。

第二课堂：社会服务、社会实践、科研训练、考证考级、自主实践、创新实践等。

第三课堂：创业实训、工程实训、企业实践等。

第一、第二课堂培养学生基础的工程实践能力，第三课堂培养学生的应用创新能力。高校应把实践教学内容贯穿于"三课堂"，并共同纳入学分制管理的轨道。实践教学内容体系设计如图2-9所示。

```
                                            ┌─ 上机实验 ─┐  ┌─ 初级 ─┐
                        ┌─ 基础课实验 ──┼─ 数理实验 ─┼──┤ 中级 │
                        │                   └─ 工程训练 ─┘  └─ 高级 ─┘
        ┌─ 实验教学 ────┤
        │               │                   ┌─ 验证性实验 ──┐  ┌─ 初级 ─┐
        │               └─ 专业课实验 ──┼─ 综合性、设计性实验 ┼─┤ 中级 │
        │                                   └─ 创新性实验 ──┘  └─ 高级 ─┘
        │
        │                              ┌─ 课程设计 ──┬─ 中级 ─┐
        ├─ 课程（毕业）设计教学 ────┤            └─ 高级 ─┘
实践    │                              └─ 毕业设计
教学    │
内容    │                  ┌─ 认知实习
体系 ───┤                  ├─ 生产实习
        ├─ 企业实践 ──────┼─ 工程实训
        │                  └─ 创业实训
        │
        │                  ┌─ 学科竞赛
        ├─ 创新实践 ──────┼─ 科研训练
        │                  └─ 资格认证
        │
        │                  ┌─ 大学生社会实践
        └─ 社会实践 ──────┼─ 专业社会实践
                           └─ 社会调查与服务
```

图2-9　实践教学内容体系

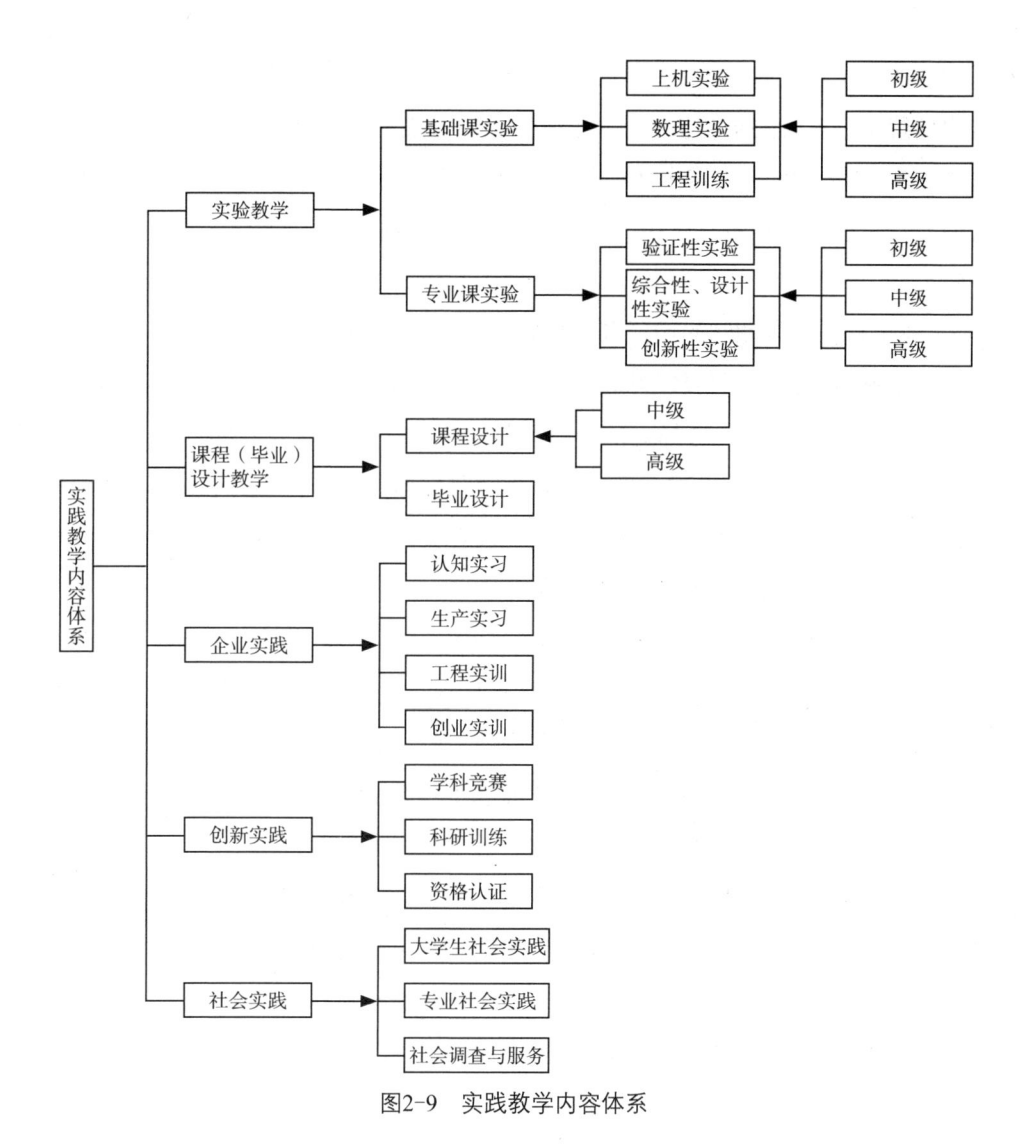

（三）校企联合机制建立

在应用型人才培养过程中，高校应注重与企业合作建设实践教学基地，充分利用企业的技术、场地、设备、市场等资源培养应用型人才。高校与企业建立深度、实质性合作的长效机制，形成命运共同体、利益共同体，获得企业真正的支持与帮助，这一点尤为重要。校企合作是应用型人才培养的根本要求，没有企业的积极参与，应用型人才就失去了特色和动力。虽然从办学形式看还是学校本位制，但企业要素在应用型人才培养过程中体现得更加显著。由于学校本位制的办学形式决定了学校内部的组织架构是按学科建制办学，不是按专业群、产业链结构设置院系，这就要求学校主动对接企业，而不是企业主动对接学校，使学校的人才培养与企业的人才需求相匹配。应用型高校不能把企业合作视为"鸡肋"，而应看作重要的战略合作伙伴，不能只想从企业索取，而应思考如何为企业多做贡献。

（四）构建三学期制的实践教学模式

高校现有的两学期制教学周基本在42周（含2个考试周），两学期制存在学习弹性不足、学生自我选择空间小等问题。同时，随着实践教学要求的不断提高，在两学期制内完成上述全部实践教学内容捉襟见肘，有必要增加实践教学时间。为提高实践教学质量和效果，高校可以在大一、大二、大三的暑期设置小学期，从而实现三学期制的教学模式改革。

目前，有些"985"高校和一些地方高校实行了三学期制，主要还是在校上课教学，只是教学时间有所调整，还没有从根本上实施三学期制的实践教学模式。对于应用型高校来说，实行三学期制的主要目的是增加实践教学时间，拓展实践教学空间。从时间上看，一方面增加了实践教学时间，另一方面为学生进入企业实践提供了相对集中的时间安排。

从企业需求看，企业非常欢迎学生赴合作企业实习，但面临的一个现实问题是企业生产是连续的、周期性的，学生到企业实习两周很难满足企业的需求，对学生来说也达不到实际岗位的工作训练要求，特别是工程训练的要求。高校在大三暑期安排企业实训可以更好地契合企业需求，也能达到良好的实践教学效果。

（五）推行"三学分"制

应用型高校可以推行"三学分"（理论课学分、实践课学分、创新创业学分）制。学校对每一类学分提出最低要求，而且各类学分之间置换有具体要求，总的来说，实践课学分可以用来置换专业理论选修课学分，但不能用理论选修课学分置换实践课学分，提高学生对实践教学的重视。

假设学生毕业要达到180学分，且各类课程学分数不低于最低学分要求，一种方式是按要求修满各类学分数；另一种方式是通过增加实践类课程学分数置换理论课学分数，且最多置换20学分。这样，既可以激发学生选择实践类课程学习的动力，又可以为学生的课程选择创造空间，特别是可以为一些有实践特长或兴趣的学生提供发展的空间和机会。

高校通过"三课堂""三学分""三学期"课程与制度设计，从时间和空间两个维度拓展实践教学环境，可以有效保障实践教学的质量与成效。

三、实践教学管理体系

实践教学管理体系主要包括组织管理、运行管理和制度管理三个方面。实践教学管理体系的建立要解决"管什么，谁来管"的问题，达到与实践相关的工作与事务"事事有制度管""工作有流程管""责任有人管"的要求。

（一）组织管理

学校要构建由上至下、统分结合的实践教学管理服务体系。学校、二级学院、系（专业）要有专人负责实践教学领导管理工作，并配齐管理人员。学校负责建立体系、颁布制度、投入建设、组织考评等工作；二级学院负责落地实施、师资建设、设备维护、学生管理等工作；系（专业）负责课程安排、大纲制定、教材选用、教学实施、学生评价等工作。职责清晰、权责明确的组织管理是保障实践教学顺利实施的前提。

从职能部门的分工与协作来看，学校教务处负责总体规划与年度计划的编制工作，编制相应的管理办法和措施；二级学院教学管理部门负责规划、计划、管理制度的实施与落实工作；资产管理部门负责实践教学资产设备的采购、维护、保管等工作；后勤管理部门负责实验场所的清洁、卫生、安全管理工作。与实践教学相关的各职能部门要把服务于实践教学作为重要工作内容。

实践教学不同于理论教学，它涉及人员、资产、设备、安全、后勤等各方面的工作，具有更多、更细、更杂特点，并且个性化、特殊性情况较多，因此建构层次分明的管理体系、明确职能与分工具有重要意义。

（二）运行管理

各专业要制订独立、完整的实践教学计划，并根据实践教学计划和人才培养方案编制实践课程标准，编写实践教学指导书，规范实践教学考核办法，保证实践教学质量。高校要根据行业的实际任务与企业的实际需求，安排毕业设计（论文）等环节。

对实践性教学环节应做到"六个落实"，即计划落实、大纲落实、指导教师落实、经费落实、场所落实和考核落实；抓好"四个环节"，即准备工作环节、初期安排落实环节、中期开展检查环节和结束阶段的成绩评定及工作总结环节。

（三）制度管理

高校应制定一系列关于实验（实训）、实习、毕业论文（设计）和学科竞赛等方面的实践教学管理文件，以保障实践教学环节的顺利进行。实践教学管理文件和管理制度包括实践教学计划，实践教学课程大纲和教材，实践指导书，实训项目单、卡，以及实验报告等实践教学管理文件和各实践教学环节管理制度。

四、实践教学条件体系

（一）师资队伍建设

学校人力资源管理部门要按照实践教学的目标要求制定具体的师资队伍建设规划，重点加强对现有教师的培训和培养，建立符合应用型人才培养要求的师资继续教育进修和企业实践制度，以及具有教师资格证书与职业技能证书的教师"双资格证书"准入制度；依据政策规定来鼓励教师在企业与学校间进行有序流动，激励教师主动深入行业、企业一线熟悉生产流程，参与企业科研和技术开发工作；吸引社会实践经验丰富的专家、工程技术人员加入实践教学队伍；改变传统的学术型教师考核评价体系，建立有利于师资结构调整的分配制度和激励机制；重视"双师"结构的师资队伍建设。高校应打造一支能力和素质过硬的实验员队伍，要求实践指导教师参加全国通用或专业的岗位技能培训，使其在技能上至少持有中级岗位等级证书或职业资格证书；建立理论教师与实践教师定期换岗制度和专业理论教师限期通过相关专业职业资格证考试制度，通过强化专业技能考核来提高理论教师的实践能力，打造一支高水平的"双师"型师资队伍。

与理论教学不同，实践教学还需要建设一支设备维护专业人才队伍。设备维护专业人才队伍建设是应用型高校队伍建设的内容之一。该队伍同样需要具备扎实的理论知识和技术技能，必要时还可以兼任实践教师。培养高素质的设备维护专业人才队伍是保障实践教学顺利实施的基础。目前，一些高校非常重视设备维护专业人才队伍建设，在培养、晋升、培训、待遇、岗位等方面采取措施激发队伍活力，不断提高服务水平和能力，以期取得良好的效果。

（二）实验实训室和实践基地建设

二级学院应根据教学计划和人才培养方案，制定实验实训室建设规划，保证实践课的开设率达100%。二级学院制定实验实训室建设规划时要统筹规划、优化配置，尽可能满足专业实践环节教学的需求。

实验实训室建设注重仿真性、先进性和完整性，尽可能仿真或模拟企业环境，特别是专业实验实训室能够直接接触生产一线已经成熟且广泛使用的技术，模拟岗位环境，使教学环境和条件接近生产一线。实验实训室除发挥其校内教学与职业技能培训、鉴定功能外，还应具备开放性和服务性功能。学校要充分利用校内的计算机系统，建立仿真、模拟的基础、专业实验实训室，使学生在多批次、多轮次、多层次的基本训练后，顺利进入校外实践基地。

各二级学院和系（专业）应根据专业人才培养要求，结合专业特点和学生规模制定校外实践基地建设规划并组织实施。建立校外实践基地时各二级学院和系（专业）应根据本系实践教学的需要，选择既能满足实践教学需要又交通便利的单位，使校内实验实训室和校外实践基地互为补充，实现功能最优化。

在校外实践基地建设中，各院系应努力建立长效运行机制，明确实践项目和内容，在完成教学任务的同时努力扩展合作领域，为企业提供服务，力求产学结合。各专业都应开发比较稳定的校外实践基地，广泛吸纳社会办学资源，与企业共同建立实践基地，实现"双赢"目标。

（三）实践教学教材建设

实践教学教材建设是提高实践教学质量的薄弱环节，是提升实践教学水平的"瓶颈"。实践教学内容改革要反映和体现在教学教材建设上，学校、二级学院要把实践教学教材建设纳入教材建设规划，编写和研发适应实践教学特点的教材。实践教学教材要与理论教学教材分开立项、同步立项、同步审批。实践教学教材不宜采用理论教材的模式和体例，而应编写成工作手册式或活页式教材。实践教学教材的编写需要邀请企业专家参与，按企业实际工作、岗位流程或需求编写。学校每年要设立出版基金资助教师出版实践教学教材，支持实践教学教材建设。

（四）实践教学经费保证

学校应根据发展规划，按应用型高校定位的要求，组织专家对实践基地进行论证，作出规划，以保证每个专业都有独立设置的实践教学基地，基本满足人才培养需求。各二级学院、系（专业）应根据规划制订实践教学各环节的经费使用预算计划，经学校批准后执行。对专项消耗、材料经费和实训经费，学校应每学期按计划下拨发，专款专用，保证每一个实训项目的落实。学校制订经费计划的原则是保证教学目标的实现，同时尽可能节约经费。

五、实践教学评价体系

建立科学、完整的实践教学评价体系，是重视实践教学，提高实践教学质量，加强宏观管理的主要手段。

（一）建立学生评价体系

学校应加强对校内实践教学和校外实践教学的指导和管理，对于每次实训都编制详细的实训报告，由专业指导教师评定成绩并做好记录，按实践教学学时占总学时的比例记入课程成绩。

集中实训成绩按优秀、良好、中、及格、不及格五个等级单独记入档案。根据教学大纲要求，学校应对学生参加实验、实习的各个实践教学环节的效果制定评价标准，加强对学生综合实验能力的考评，制订综合实验能力考评方案，确定考评内容与方法，提出考评成绩的学分比重，通过笔试、口试、操作性测试及实验论文等形式考评学生的综合实验能力。对于实习考评，可以通过实习报告、现场操作、理论考试、设计和答辩等形式进行，也可以由校内实验实训室和校外实践基地联合考评，这不仅考评学生的素质和能力水平，而且考评学生的工作实绩。

（二）建立教师评价体系

根据应用型人才培养目标的要求，学校应在实践教学的各个环节制定具体明确的质量标准，并通过文件的形式使之制度化，严格管理、规范执行，再结合同行评价结果、学生评价结果，在学年末给每位教师写出评语，并将评价结果纳入人事考核体系。学校应建立专项奖励基金，用于奖励在实践教学工作中做出突出贡献的教师和实践教学技术、管理人员。此外，学校还应建立实践教学督导体系，由实践教学督导员对实践教学过程进行全面检查，不仅检查实践教学的完成情况，而且重点检查实践教学质量。

第四节 新阶段高校应用型人才培养质量保障体系建设

培养高质量的应用型人才需要建设完善的质量保障体系。建设质量保障体系首先要认同质量在高校特别是本科高校中所处的地位与所起的作用。目前，国家正在推动"双一流"高校建设，"双一流"的基本内涵就是一流的质量，没有一流的质量保障，就没有一流的人才培养。相较于质量保障体系建设，更多高校关注的是一流的科研成果、一流的学科排名、一流的学校经费等结果性指标。但是，产生这些结果性指标的过程，特别是质量保障过程往往被忽略，就像人们总是关注水面以上的冰山一样，水面以下的更大的冰山却常常被忽略。从应用型人才培养过程来看，除了要保持理论性教学质量外，还要特别注重和强调实践性教学质量，并对实践性教学质量提出更高的要求。我国的应用型人才培养还处于探索阶段，建立符合应用型人才培养目标定位的质量保障体系显得尤为重要和紧迫。

国家大力推进质量保障体系建设。2011年，教育部发布了《普通高校本科教学工作合格评估指标体系》，其中明确要求，高校要有以提高质量为核心、落实教学工作中心地位的政策与措施，重视建立并完善内部教学质量保障体系。2013年，教育部发布了《普通高校本科教学工作审核评估方案》，其中将质量保障单独列为一级审核项目，包括4个审核要素和11个审核要点。其中，4个审核要素是教学质量保障体系、质量监控、质量信息及利用、质量改进。在本科专业类教学质量国家标准中，对全部92个本科专业类别、587个专业均提出了建设质量保障体系的要求，包括教学过程质量监控机制建设、毕业生跟踪反馈机制建设和专业持续改进机制建设。

高校在建设质量保障体系时应该注重体系的系统性和完整性。质量保障体系本身就包含对系统性和完整性的要求。它要求将系统论、信息论、控制论、协同论等多学科的理念、技术、方法综合运用于高校质量管理，进而建构高校质量保障体系。因此，高校质量是具有结构化的系统，要分析高校质量的影响因素，建构可观测、可分析、可统计、可量化、可操作和可控制的管理系统。

一、文化与质量文化

文化是人类社会特有的一种现象，不同时期、不同人群、不同历史会造就不同的人类文化。在《简明哲学辞典》中，文化被界定为人类在社会历史实践过程中所创造的物质财富和精神财富的总和。美国学者菲利普·巴格比认为："文化是社会成员的内在和外在的行为规则，但要剔除那些在起始时已明显属于遗传的行为规则。"❶ 文化是人类所独创的，文化促进了人类的进步与发展，同样，人们的行为也受到文化的影响和约束。文化是以价值观为核心、由象征符号所表达的意义构成，人们在实践中采取一定的方法创造、生成各种文化要素。

进入 20 世纪以后，物质生产的极大丰富，促使人们向往更好的、质量更高的产品和服务。因此，人们进入以需求为导向的质量观时代。为满足用户的质量需求，企业不断提高质量管理意识和方法，在质量实践活动中积极探索，逐步超越了技术的范畴而演变为一种文化现象——质量文化。质量文化有广义与狭义之分。广义的质量文化是指社会质量文化，狭义的质量文化是指组织内部的质量文化。质量文化作为一种共同的价值观念，有自己的特性。第一，质量文化具有物质性。物质性决定了质量文化是一种客观存在，影响组织的发展，不同的组织会形成独特的质量文化。第二，质量文化具有社会性。不同的社会制度、地理风俗、历史发展、民族特征等都会对质量文化产生影响。第三，质量文化具有传承性。质量文化就像文化本身一样具有生物 DNA 的遗传特征，组织的质量文化会由组织不断传承和发展。第四，质量文化具有时代特征。不同的时代，质量文化内涵也不同。在生产力落后的时代，质量文化的核心是制造足够多的产品和服务。而在生产力高度发达的今天，质量文化的核心是制造足够好的、个性化的产品和服务。在将来，质量文化将表现为创造出促进人们发展的产品与服务。

在高校内，质量文化是高校在长期教育教学实践过程中，自觉形成的关于教

---

❶ [美] 菲利普·巴格比. 文化：历史的投影 [M]. 夏克，李天纲，陈江岚，译. 上海：上海人民出版社，1987：116.

育教学质量的价值观念、规章制度、道德规范、行为方式及传统习惯等社会规范的总和,即高校的质量价值观念和质量行为规范的集合。

二、高校质量文化建设路径

应用型高校以本科教育为主,本科教育是高等教育的基础和根本,专业是人才培养的基本单元和基础平台。从全面质量管理来看,建设高等教育质量保障体系离不开全员、全过程、以学生为中心的质量文化建设。高校的质量文化是整个高校文化的重要组成部分。高校在传统的三大职能基础上,现在更强调与突出文化传承的职能,高校本身也是为文化的传承与创新而设立的,人才培养、科学研究与社会服务三大职能为文化传承与创新提供了载体。北京大学、清华大学是我国高校文化传承与创新的榜样,也成就了这两所高校在国内和国际的地位。建设世界一流高校,无论是研究型高校还是应用型高校,都离不开一流高校文化建设,特别是质量文化建设。潘懋元认为,教育质量是高等教育发展的核心,也是高等教育大众化的生命线,精英高等教育要保证质量,大众化高等教育也要保证质量。[1] 刘铁芳认为,高校文化有两种基本形态,即本体性高校文化与修饰性高校文化。本体性高校文化是指高校自身的传统与精神,也就是构成高校何以谓之高校的文化形态。修饰性高校文化,是指体现、承载高校传统与高校精神的辅助性文化手段。[2]

由于对高校质量文化缺乏足够的重视和认识,很多应用型本科高校的人才培养还定位于"制器",而非"育人",没有把"制器"与"育人"统一起来。在具体建设中,仅把质量文化建设看成评估的一个条件,缺乏全体师生的共同参与,或者即使参与了也不明所以,不能理解高校质量文化的内涵与价值。质量文化的理念并未得到较好的普及和认同,自上而下重视程度不高,质量文化建设被边缘化。这种情况下,更应该凸显质量文化建设的重要性。建设高校质量文化的路径主要表现在以下几个方面。

第一,发挥高校理念的强大引领作用。有学者认为,高校是由相同的理念

---

[1] 潘懋元.高等教育大众化的教育质量观[J].清华大学教育研究,2000(1):11-15.
[2] 刘铁芳.大学文化建设:何种文化如何建设[J]教育科学文摘,2014(2):72.

或理想，而非行政力量所形成的富有生命力的有机体。理念就是人们形成、信奉或遵从的一种系统化的思想或观点。高校理念就是人们对高校的本质及其办学规律进行认识的一种哲学思考体系，并得到信奉与遵从。❶一所高校需要有理念引领，因为高校是"社会的灯塔、新民的摇篮、创新的活水、真理的福地、文化的酵母、知识的源泉、道德的高地、良心的堡垒。高校是知识的共同体、学术的共同体、思想的共同体、文化的共同体、道德的共同体。这就是高校的本质所在"❷。没有理念的高校就是没有灵魂的高校。高校是培养人的地方，教育是培养人的活动，高校教和学的主体都是人，这样的人还要引领社会、科技等方面的改革与创新。这样的人首先要有理想与信念。高校要培养有信仰的学生，高校首先要有理念和信仰，一所没有理念和信仰的高校是培养不出有理念和信仰的学生的。一所高校的质量文化首先反映在这所高校的理念追求中，反映在师生对这种理念追求的执着中，反映在这种理念追求融入办学实践中。高校的理念是不能简单复制和模仿的，它是高校独特的信仰和追求，体现高校特有的精神和气质，反映高校特色文化。例如，清华大学的"自强不息，厚德载物"的校训反映了其信仰和追求，更体现了对人才培养质量的不懈追求，它向世人和后人宣示了清华大学培养的人要具有这种信仰与精神，也必须具有这种精神与气质。浙江大学"求是创新"的校训同样反映了其追求与信仰，要培养有求是创新精神和能力的人才，体现了浙江大学的质量观和价值观。在这种高校理念的引领下，整个学校的办学思想、办学风格、办学理念、办学定位和培养目标融为一体，具有鲜明的个性特征。这种理念与信仰回答了高校"从哪里来，到哪里去"的问题，回答了"我们为什么存在，我们以什么方式存在，我们将走向何方"的问题。这些方向性问题的答案，决定了整个高校教学、科研、社会服务和文化传承活动的终极目标和方向。高校领导者只有不断追问自己、思考、回答这样的问题，才能厘清发展思路，明确发展方向，采取具体行动。

因此，创建高校质量文化首先要创建有个性特色、有凝聚力、有思想内涵的

---

❶ 蔡先金.大学理念的反思［J］.高等教育研究，2012（5）：8-15.
❷ 徐显明.大学理念论纲［J］.中国社会科学，2010（6）：36-43，220-221.

高校理念。文化决定了高校的深度，理念决定了高校的高度。有学者认为高校理念就是校训，羡慕、模仿知名高校的校训，有的高校也不乏似曾相识、排比工整的校训。然而，并不是有了校训就有了高校理念，有的高校模仿其他高校的校训，但模仿不了其理念的内核，使校训成为挂在墙上、贴在门上的口号，这样的校训没有起到引领高校精神和创建高校文化的作用，是一种典型的形式主义，校训并未成为高校理念的化身。高校不能没有理念，更不能丧失自己的精神领地，缺乏精神与理念的高校是没有希望的高校。高校精神是高尚的、圣洁的，它不受世俗、功利的扭曲与剥蚀，有时为了抵御各种社会不良思潮的侵袭，有时甚至需要守护者作出牺牲。清华、北大、哈佛等高校之所以闻名世界，是因为它们有梅贻琦、蔡元培、艾略特那样能产生高校教育理念的教育家。在"所谓高校者，非谓有大楼之谓也，有大师之谓也""兼容并包，思想自由"理念的指导与实践下，清华、北大成为具有世界影响力的高校。有什么样的教育理念就有什么样的教育实践，虽然中国、美国的历史文化、物质条件不同，但是理念的指导作用是相同的。

第二，建立健全质量制度。如果说高校理念是顶天，是仰望星空的话，那么质量制度就是立地，是脚踏实地。质量制度的建立要体现高校理念，目标是把高校理念转化为可执行、可操作、可评价的行为准则和规范，这种行为准则和规范对保障教育教学质量起基础性作用。作为高校质量文化的重要内容，质量制度包括各项工作制度、责任制度、管理制度、评估制度、教学运行制度、培训制度等，使学校社会主义核心价值观、教育理念与质量目标得到落实。各种质量制度必须建立在对工作流程科学分析、对岗位职责清晰界定、对工作内容明确划分、对在岗人员充分培训的基础上，否则，质量制度很难落实。制度设计不仅要对质量文化建设工作涉及的各环节、各阶段加以规范化，还要对质量制度的子系统内容进行具体化。

高校在注重"硬制度"建设的同时，还要关注"软制度"建设。"软制度"是指制度的执行力。在现阶段国情下，制度化的管理开始形成共识，但是"人事"的作用依然强大。离开"人事"来看制度，制度只是枯燥的条文，制度随人事的变化而变化。"硬制度"是成文成册的，"软制度"是刻印在人心中的，"硬制度"依靠"软制度"来落实。

第三，建立质量文化教育培训机制。高校要让师生认同质量文化，首先要对师生进行质量文化的教育和培训，形成培训机制，并将其纳入师生教育培训内容。将质量文化教育与学生的思想政治教育相结合，将质量文化教育与教师新时代师德师风教育相结合，形成相互衔接、相互支持的质量文化教育内容。例如，《新时代高校教师职业行为十项准则》中要求教师"坚持言行雅正"，这既是师德师风要求，也是质量文化建设要求。"言"是指言传，"行"是指身教，教师正是通过言传身教来树立教书育人风范；"言传身教"要达到"雅正"的要求。因此，师德师风准则中不仅指出了质量环节，更体现了质量要求，是高校质量文化建设的重要内容。

第四，建立质量标准体系。质量标准是保证质量制度实施的前提与基础，是质量文化的具体体现。抽象的质量文化必然通过具体的标准、可行的制度和具备执行力的人共同实现。高校要以国家、国际教育质量规范和标准为指引，结合国情、校情制定符合本校人才培养目标的质量标准，通过制定标准来反映理念要求，实现质量文化的创建与改进。

三、教学质量保障体系建设内容

应用型高校的教学质量保障体系建设除质量文化建设外，还包括教学运行机制建设、教学质量标准建设、教学质量监控建设和质量信息平台建设。

（一）教学运行机制建设

教学运行机制建设主要是保障正常教学秩序和规范教学活动，各高校根据本校的学科专业要求建立一套运行有序、规范有据、稳定高效的教学运行管理制度、办法。这些管理制度和办法的制定、颁布、修订、实施、评价都是在符合学校人才培养目标要求和质量标准的基础上，广泛听取教师和其他教学相关人员的意见和建议来进行的。

1. 教学管理组织建设

教学管理组织建设是整个学校质量保障体系建设的重要组成部分，是切实保障整个教学管理有序开展的基础。教学管理组织建设包括决策层、执行层和操作层。每一层级承担的职责和任务各不不同。教学管理组织机构设置如图2-10所示。

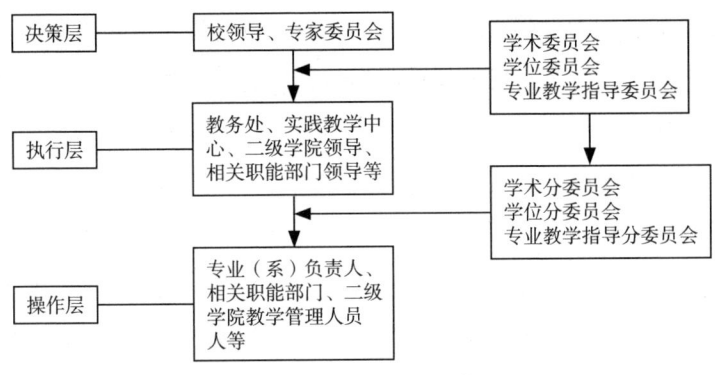

```
决策层 → 校领导、专家委员会
                ↑
                ← 学术委员会
                  学位委员会
                  专业教学指导委员会

执行层 → 教务处、实践教学中
         心、二级学院领导、
         相关职能部门领导等
                ↑
                ← 学术分委员会
                  学位分委员会
                  专业教学指导分委员会

操作层 → 专业（系）负责人、
         相关职能部门、二级
         学院教学管理人员
         人等
```

图2-10　教学管理组织机构设置

高校教学管理组织建设要高度重视各类专家委员会的建设和作用。特别是学术委员会、学位评定委员会和专业教学指导委员会，充分发挥专家治校、教授治学的作用。从本质上来说，高校是一个学术共同体，在这个共同体中，必须谨慎地保护学术自由，正确处理学术权力与行政权力的关系。高校的学术性使得高校不是一个平均主义的社会。❶ 高校科层式的部分行政权力通过一定的制度设计让渡给学术权力，比如学术评价、职称评定、项目评审等，以此保障学术权力在高校教学管理活动中的地位。

学术权力的价值追求是保障学术标准得以贯彻，学者所从事的学科得以发展，学术人员的学术权力得以施展；而行政权力的价值定位则是保障高校组织目标得以实现，保证教育方针和办学思想得以落实。❷ 这两种权力有冲突性，但更有一致性。在教学管理组织建设中要发挥、扩大一致性，降低冲突性，使整个教学活动成为学校工作的中心。

2. 教学管理制度建设

教学管理制度是整个质量保障体系的关键，科学的教学管理制度是实施教育教学过程管理的根本保障。学校管理者要在管理实践中不断修订和完善教学管理制度，使传统的监督式管理转为科学的引领式管理，使变粗放式管理转为精细化

---

❶ 约翰·S.布鲁贝克.高等教学哲学［M］.郑继伟，等译.杭州：浙江教育出版社，1987：220.

❷ 钟秉林.现代大学学术权力与行政权力的关系及其协调［J］.中国高等教育，2005（19）：3-5.

管理，使结果管理转为过程管理。让教师参与学校管理，使学校的教学管理制度体现人本管理理念，并具有可操作性和实效性，为实施教育教学过程管理提供有力保障。

教学管理制度建设要体现服务育人的理念。为教师提供最佳服务是实施教育教学过程管理的有效途径，学校管理者要以培养教师的自觉行为习惯为出发点，在日常教育教学过程中了解教师的困难，并提供解决方法。英国教育家斯宾塞说："教师应该记住，你的管教目的是养成一个能够自治的人，而不是一个要让别人来管理的人。"学校管理者站在教师的视角为教师提供服务是实施教育教学过程管理的有效途径。

教学管理制度就是把从实践中总结的经验和规律上升为一种思想，形成科学合理的工作要求和管理制度，并将这些符合实际工作需求的管理制度运用于促进学校教育教学工作发展的全过程。教学管理包括综合管理、教学与教务管理、实践教学管理、教学改革与建设、教学质量监控、教学奖励等，具体内容视学校不同而存在差异。

3. 教学质量保障运行机制建设

有了教学质量保障的组织机构、规章制度还远远不够，还需要有教学质量保障运行机制，该机制可以使整个教学质量保障体系运转起来，并发挥其功能与作用。教学质量保障体系的运行是通过专业建设、课程建设、实践教学管理、教学研究与改革、教风学风建设、激励奖惩机制和政策与制度体系等来落实教学质量管理目标，并通过各项具体工作的实施结果和成效来检验教学质量。教学质量保障体系如图2-11所示。

学质量保障体系在运行过程中主要实现信息收集和信息反馈两大功能，并通过这两大功能的实施，经由多种信息渠道来完成教学质量的监控和督导，达到强化教学管理、改进和加强教学工作的目的。其主要包括以下几个方面。

第一，教务及教学工作研讨会，主要包括通报教学工作情况，交流教学信息，征求各方对教学质量的意见，讨论和审定重大教学问题，作出决策和实施。

第二，教学检查，主要包括开学前教学准备情况检查、期中教学检查、试卷调查和毕业设计情况调查。教学检查是覆盖整个教学过程的信息收集渠道。

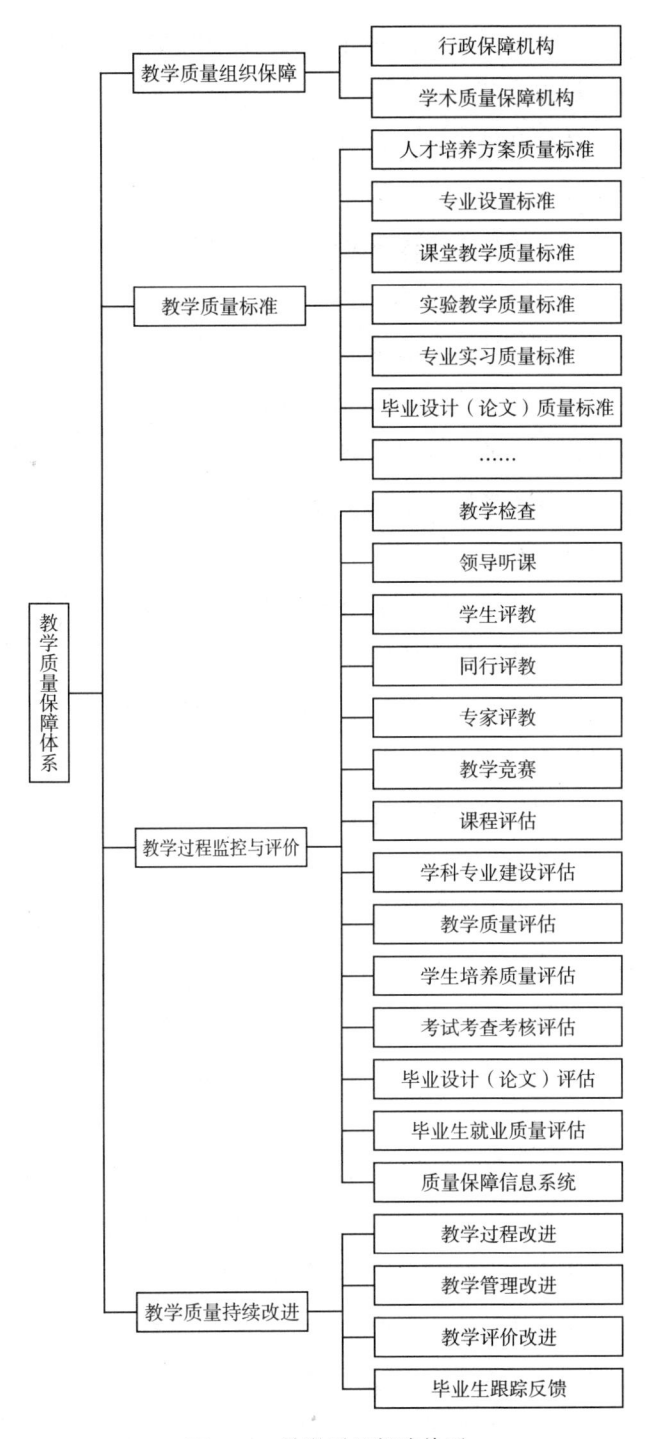

```
教学质量保障体系
├── 教学质量组织保障
│   ├── 行政保障机构
│   └── 学术质量保障机构
├── 教学质量标准
│   ├── 人才培养方案质量标准
│   ├── 专业设置标准
│   ├── 课堂教学质量标准
│   ├── 实验教学质量标准
│   ├── 专业实习质量标准
│   ├── 毕业设计（论文）质量标准
│   └── ……
├── 教学过程监控与评价
│   ├── 教学检查
│   ├── 领导听课
│   ├── 学生评教
│   ├── 同行评教
│   ├── 专家评教
│   ├── 教学竞赛
│   ├── 课程评估
│   ├── 学科专业建设评估
│   ├── 教学质量评估
│   ├── 学生培养质量评估
│   ├── 考试考查考核评估
│   ├── 毕业设计（论文）评估
│   ├── 毕业生就业质量评估
│   └── 质量保障信息系统
└── 教学质量持续改进
    ├── 教学过程改进
    ├── 教学管理改进
    ├── 教学评价改进
    └── 毕业生跟踪反馈
```

图2-11　教学质量保障体系

第三，督导，主要包括领导、同行专家、教学质量督导员和学生信息员与评估员等，在全面听课以及考核和检查教学工作情况的基础上，有目的、有针对性地对教学工作进行督促和指导。

第四，信息反馈，除了日常的信息交流和反馈外，主要通过学生信息员、教学质量督导专家和用人单位三大体系来收集和反馈信息。学生收集和反馈意见的途径有学生信息员定期收集和学生座谈会反馈。学生意见反馈覆盖每一门课程、每一位教师、每一个教学环节的信息渠道。

第五，听课考核，主要包括领导听课及评教、教学质量督导专家听课及评议、同行相互听课评议。随堂听课是侧重于随机调查或有选择性的信息渠道。

第六，教学工作评价考核，主要包括学生对教学质量的评估、领导考核、同行评议等。这是一种具有综合性、总结性的信息渠道，按学期进行。这种考核既是一种总结性评价，又是一种形成性评价；既是衡量教师教学质量的主要方面，又是改进和加强教学工作的重要依据。

第七，毕业生质量调查，这是一个兼具周期性和后期性的质量信息收集和反馈过程。主要通过建立毕业生质量监测点，了解用人单位对教学质量的意见和建议；应届毕业生通过四年的学习，对整体教学质量进行综合性评价，并提出意见和建议。

教学管理部门把通过以上渠道收集的大量教学质量信息及时加以综合、分析与处理，再把有价值的信息反馈给不同的对象：一是教学管理部门，使其了解教学质量状况；二是教师主体，使其了解自身的教学情况；三是学生，以便他们在学习中发挥主观能动性。教学质量保障运行机制如图2-12所示。

（二）教学质量标准建设

教学质量标准是实施教学质量管理的基础性文件，是关于高校教学活动或活动结果并反映高校教学质量的明确规定，也是实施教学质量评价的主要依据。在进行教学质量保障体系建设时，高校必须制定完整、详细、科学、规范、可行的教学质量标准，以在日常教学活动中准确、及时地把握每一个教学环节的教学质量状态，作出科学的分析和评价，实现高校教学质量的持续改进。另外，高校还要在本科专业类教学质量国家标准的基础上，制定人才培养方案质量标准、专业设置标准、课堂教学质量标准、实验教学质量标准、专业实习质量标准、毕业设计（论文）质量标准等。

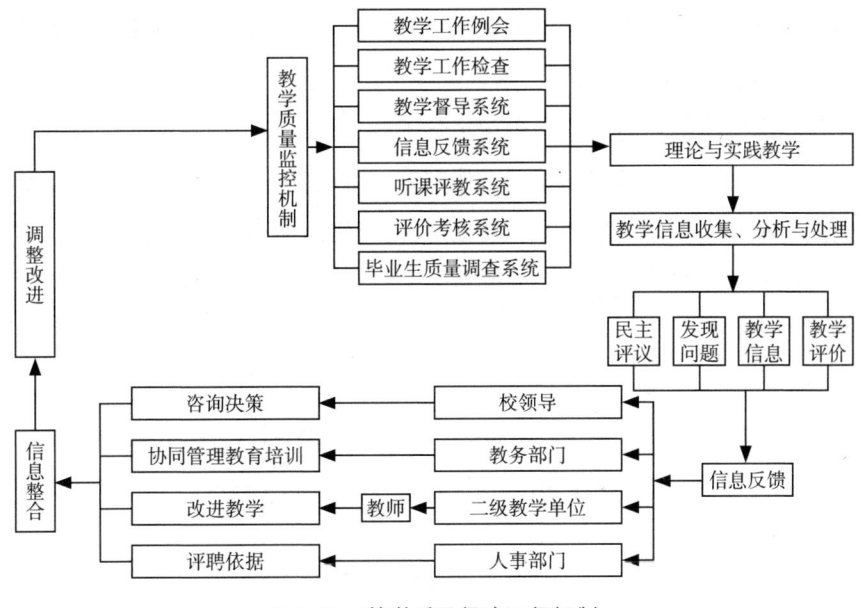

图2-12 教学质量保障运行机制

（三）教学质量监控建设

建构与实施教学质量监控评价体系，是保障人才培养基础性工作顺利开展的基础。教学质量监控评价体系的建构与实施，是学校整个质量保障体系的重要组成部分，可以从功能和结构上对教师教学活动进行全过程、全方位、全要素的评价和反馈，促进教师增加教学投入，重视提高教学质量，不断提升教学能力和水平。

教学管理大到理念、目标，小到制度、实施，需要在每个与教学有关的工作环节建立有效的质量监控和评估机制。教学管理的目的不仅是反馈教师教学质量，更重要的是反映整个学校教学管理活动状态及存在的问题，为持续改进教学管理工作提供依据。从专业设置，到课程建设，再到考试考查，教学活动中的每个环节以及对每个环节的监控，包括后续的评价、反馈，直至改进，都要形成一个封闭的、循环往复的系统，其中，监控与评价是一个重要环节。

（四）质量信息平台建设

质量信息平台建设要与整个教学质量保障体系建设相结合，形成对质量保障体系的有力支撑。要依据教学质量保障体系设计信息平台的数据来源，整合学生数据、教师数据、教学数据等，形成集中开放、统一模式的信息管理中心。目前，高校内部使用的质量信息平台包括学工的、人事的、教务的、财务的、招生的、毕业就业的，种类繁多。每项工作都有一个信息平台，导致的结果就是既不方便数据资源共享，又会造成多个数据来源，"信息孤岛"现象比较严重。因此，高校要打破部门壁垒，创建统一的质量信息平台，以保障数据质量，提高质量信息平台的效能。

第五节　河北省地方高校应用型人才培养助力中小微企业吸纳就业路径

地方高校是应用型人才培养的主渠道，这为区域经济发展提供人才保障。应用型人才是在掌握专业知识的基础上，具有相关的专业技能，能够从事一线生产的专业性人才，其与研究型人才相对。目前出现了地方高校应用型人才"就业难"，而作为区域经济发展主力军的中小微企业"用工荒"的现象。因此，笔者从河北省地方高校应用型人才培养和中小微企业"用工荒"现状，探寻出现"就业难"和"用工荒"现象的原因，寻找河北省地方高校应用型人才培养和中小微企业吸纳就业存在的问题，并在此基础上，以地方中小微企业吸纳就业为导向，改革地方高校应用型人才培养模式，建立校企紧密型联盟等，以期能够既"促就业"又"稳经济"，共同促进区域经济发展。

本研究以河北省为例，地方高校定位为应用型人才培养高校，各高校人才培养的出口是就业，从河北省现状来看，中小微企业在吸纳就业方面起非常重要的作用，中小微企业吸纳的毕业生类型以应用型人才为主。从经济发展情况来看，中小微企业是数量最多、最灵活的市场主体。中小微企业稳定，大学生就业就稳定，区域经济发展就平稳有序。而现实则存在"两难"现象，即河北省地方高校学生"就业难"、中小微企业"用工荒"，为了解决"两难"的问题，地方高校需要以中小微企业用工需求为导向，适时调整应用型人才培养模式，以期能够适应市场需求，缓解"两难"局面，促进河北省经济持续快速发展。

一、河北省地方高校应用型人才培养和中小微企业"用工荒"现状

（一）河北省地方高校应用型人才培养现状

河北省部分地方高校人才培养定位不明确。人才培养定位关系到地方高校的地位、方向、招生及学生就业等，地方高校应当正视自身的科研与教学能力、师资水平、资金保障等，并确定与自身相符的人才培养定位。河北省部分地方高校人才培养定位不清晰。随着我国高等教育逐步从"精英化"转向"大众化"，地方高校应用型人才培养定位如果盲目脱离区域经济发展需求，在此基础上的培养目标也会含混不清，未能因地制宜地培养具有创新能力和创业能力的"双创"人才，或多或少会影响人才培养质量，最后出现毕业生"就业难"的局面。

河北省部分地方高校办学类型不清晰。受社会舆论的影响，部分地方高校为了扩大招生规模，过度追求办学层次，重理论研究轻实践运用，以至于培养的大学生技能与就业能力不成正比，动手能力差，期望值过高，就业难。与此同时，专业设置上以地方高校为主导，盲目追求专业设置的全面性，忽视专业设置的同质化影响，与区域经济发展需求不协调，随着人工智能、大数据等新兴科技的迅猛发展，地方高校专业设置滞后，无法适应区域市场经济的发展。

校企合作模式不够深入。地方高校应用型人才培养主要服务于区域经济的发展，但目前河北省校企合作模式单一，个别科研项目的合作或者委培方式的合作等，仍是环节性的、碎片化的模式，未能在地方高校招生、培养、实习、就业等环节全程深度合作。而完整全面的产教融合平台缺失或建设缓慢，在地方高校应用型人才输出地方企业，并服务地方区域经济发展上略显单薄，人才培养目标、方向、类型等与区域经济发展不协调。

（二）河北省中小微企业"用工荒"现状

中小微企业是河北省市场经济的重要主体，是国民经济平稳发展、保就业、促民生至关重要的一环。虽然，目前河北省中小微企业规模不等、实力不等、发

展阶段不等，但均为推动区域经济发展起到了至关重要的作用。相对于大型企业，中小微企业投资较小、门槛较低，经营形式更加灵活多样，但河北省部分中小微企业实力较弱、规模较小、融资渠道单一、竞争力薄弱，员工流动性较大、素质不高，吸引人才的能力有限，市场淘汰率较高。

中小微企业适合的行业多种多样，尤其是在新兴领域，中小微创业型企业较多，企业创立者年轻化，其创新创业能力较强，尤其是随着科技的迅猛发展，数字化、人工智能不再是大型企业的独有标签，中小微企业的创新能力、科技能力正在逐步释放，专精特新型中小企业占比逐年提高，但中小微企业也出现了"用工荒"尤其是"高技能人才荒"问题，并且吸纳就业能力不足。

二、河北省地方高校应用型人才培养和中小微企业吸纳就业存在的问题

（一）河北省地方高校应用型人才培养存在的问题

河北省部分地方高校人才培养定位模糊或不合理，"重理论、轻实践"现象较为普遍；毕业生就业后动手能力较差，无法学以致用；部分地方高校应用型人才培养与中小微企业用工标准相矛盾。同时，毕业生就业定位不明确、就业期望值过高，毕业生在处理个人与社会的关系上能力欠佳，职业价值取向不明朗，职业生涯规划与现实脱节等。

（二）河北省地方中小微企业吸纳稳定就业存在的问题

河北省部分地方中小微企业资金储备薄弱，应对风险的能力较低，企业管理意识薄弱，研发资金投入较少，薪资水平较低，晋升空间较为狭窄等，以至于人才储备不足，存在"招聘难"和"留人难"问题，因此人才流动性较大、缺乏稳定性。

三、河北省地方高校应用型人才培养助力中小微企业吸纳就业的策略

（一）改革现有的地方高校应用型人才培养模式

1.地方高校应明确人才培养定位

地方高校应当根据自身条件明确人才培养定位。一方面，在新时代背景下，以习近平新时代中国特色社会主义思想为指导，守好高校立德树人这一主阵地，以培养什么人、怎样培养人、如何培养人的逻辑思路与自身的人才培养定位相契

合。另一方面，在区域经济的背景下，地方高校应以培养应用型人才为主，服务区域经济发展为己任，以就业促招生。地方高校发展的关键是"一进一出"："一进"是指招生，招生是地方高校的生命线；"一出"是指毕业生的就业，只有扎实做好就业工作，才能吸引更多的优秀生源，与此同时，各地方高校要发挥优势专业的作用，在本领域为区域经济发展添砖加瓦。

2.地方高校应改革课程体系和培养方案

地方高校应改革课程体系中"重理论、轻实践"现状，以适应河北省区域经济的发展，同时解决中小微企业"招工难"问题。地方高校应用型人才培养应当对标各专业的培养方案，培养方案既是高校培养人才的依据，其包括课程设置、学分分配、专业目标等，又是学生学习、考核及毕业的标准。应用型人才不仅要具备扎实的理论知识、较强的动手能力以及分析问题和解决问题的能力，而且要具备崇高的思想道德品质。高校是立德树人的主阵地，对培养方案的改革应当将"立德"与"树人"相结合。从培养方案改革方向来看，改革的方向以培养学生能力促就业和满足中小微企业用工需求为主，二者共同推动区域经济发展。从培养方案改革理念来看，引用OBE理念，在培养方案改革中，创新思维以培养成果为目标导向，以学生为本，采用逆向思维进行课程体系改革与创新。从培养方案改革内容来看，提高实践课程及学分占比，把实践落到实处，使实践学分的获取方式更加多元化，以完成校内开设的实践课程实践学分为主，同时开通在校外企业、机构等实践学分的互认机制，让学生学有所用。

3.地方高校应增强学生价值观引领，引导学生树立正确的职业观

地方高校一部分学生在就业时存在眼高手低、拈轻怕重的弊端，另一部分学生在就业时盲目追求高薪、工作环境、社会地位等，在职业观上存在偏差，对于中小微企业产生偏见。因此，地方高校只有引导学生树立正确的职业观和价值观，才能解决地方高校应用型人才"就业难"与区域中小微企业"用工荒"的矛盾。一方面，地方高校在应用型人才培养方面，不仅要切实提高职业生涯规划课程效果，而且要夯实思政课的立德效果，将理想信念融入学生的职业生涯规划中，引导学生正确处理个人与社会的关系，做担当民族复兴大任的新时代青年，在纷繁复杂的世界中，坚定自己的政治信念。另一方面，地方高校在应用型人才培养方案方面，应该切实开展课程思政活动，通过"显性"或"隐性"的方式将各种

思政元素融入专业课，引导青年学生树立正确的世界观、人生观、价值观，并由此升华到职业观的认同与建立上，在平凡的岗位上依然能够做出杰出贡献。总之，地方高校应当在"专、思、创"的大思政背景下，夯实专业基础知识，并发挥思政课的价值引领优势，同时发扬创新精神，注重提升学生创新创业的实践能力，培养"专业技能＋价值塑造＋创新创业能力"相结合的高素质应用型人才。

4.转变地方高校就业工作的方向

为了解决地方高校应用型人才"就业难"与区域中小微企业"用工荒"的矛盾，地方高校务必扎实推进就业工作，切实把控就业工作的方向，逐渐弱化灵活就业占比。地方高校应当精准对标具体的中小微企业群体，成为毕业生就业和中小微企业招聘的"联络员"：一方面，切实加强与中小微企业的联系，及时洞悉企业需要的人才类型、人才能力等，在此基础上引导毕业生对口就业；另一方面，扎实推进毕业生就业工作，不仅要保证就业工作的真实性，而且要帮助学生树立正确的就业工作方向，切实为区域经济发展贡献力量。

（二）河北省地方高校应与中小微企业建立紧密联系，在"稳就业、促民生"上互促互进、良性循环

1.引入 OBE 理念的成果需求导向模式

地方高校应将 OBE 理念作为应用型人才培养的理念，强调以学生为中心，采用逆向思维改革人才培养体系。地方高校培养的应用型人才不仅要掌握扎实的理论知识，还要具有实践动手能力，能够解决较为复杂的问题，并在此基础上，将理论知识、实践能力升华为创新能力。应用型人才培养既包括理工科专业，又包括文科专业，地方高校应将 OBE 理念贯于每门课程，乃至整个课程体系，首先明确学生能从这门课程中学到什么，然后将其量化到不同的能力点，等学生学完这门课程，再对学生进行评估。与此同时，地方高校应延伸到中小微企业"用工荒"的问题上，以区域经济发展为导向，以中小微企业用工需求为导向，倒推应用型人才培养目标，以区域经济急需人才类型增减目前高校开设的专业。例如，随着我国进入老龄化社会，以及新时代人们对于多样化养老的需求，与之相适应的银发经济对于拉动河北省区域经济发展具有强劲动力，而地方高校毕业生对与养老相关的银发经济缺乏认可，这就需要地方高校在培养应用型人才的过程中，重视学生价值观与职业观的塑造，引导学生在职业选择上正确处理个人与社

会的关系，使学生树立"为人民服务"的人生目标。

2.建立校企"培养+合作"互助平台

地方高校应用型人才培养的方向、类型等与中小微企业人才需求具有紧密联系，二者只有协调发展才能共同促进区域经济发展，否则，就会引发学生"就业难"和中小微企业"用工荒"的矛盾。为了解决这一矛盾，地方高校在培养应用型人才的过程中，应当加强与中小微企业的合作，及时洞悉中小微企业需求，从而适时调整培养方案。校企"培养+合作"互助平台就是加强二者联系的重要渠道，该平台摒弃了现有求职平台的商业化与功能的单一化。"培养+合作"互助平台参与主体更加多元化，以地方高校、行业专家、中小微企业、高校学生、创新创业平台、教育管理部门等为主，参与主体的多元化能够在专业技术上、中小微企业发展方向上、地方高校专业设置上、培养内容上等给予精准把控，搭建校企合作平台，从而实现"线上+线下"全方位实时合作，切实保障地方高校应用型人才培养与区域中小微企业吸纳就业的良性循环。

3.增强校企精准合作，拓展校企合作形式、内容、领域等

地方高校与企业的合作主要体现在部分科研课题、定向培养等方面，但科研课题的合作主要是增强科研成果转化，通常与地方高校进行定向培养合作的一般是大型企业，且定向委培在整个地方高校人才培养数量上占比较小。随着科技的不断进步，区域的中小微企业的创新创业在大数据、人工智能等领域发展迅猛，并急需与企业发展相匹配的应用型人才。因此，地方高校各专业应当加强与其相匹配的中小微企业的合作，在专业增减上以用工市场为导向。同时，进一步拓展校企合作形式、内容及领域，将校企合作拓展到地方高校人才培养各环节，在充分调研的基础上进行专业设定，在培养方案的制定与修改上要充分发挥校企合作优势，聘请行内专家、企业代表等参与并听取其建议，在学生实习、实践中，加强与中小微企业的联系，加深学生就业前对中小微企业的了解，提高学生的认可度。

（三）增强河北省地方中小微企业生存发展能力，将吸纳毕业生难的解决措施前移

1.增强河北省地方中小微企业生存发展能力

首先，地方中小微企业要稳健经营，并在此前提下，不断加大研发资金投

入，创新经营理念，扩大企业规模。在科技高速发展的当下，应用型人才大多具有自主意识且能快速接受新事物，他们既追求独立又强调个性，中小微企业只有在稳健经营的基础上，才能不断壮大自身，开拓创新，从而吸引高校毕业生。打铁必须自身硬，中小微企业应当注重员工的再培训并拓宽晋升渠道，在此基础上为应用型人才就业提供更多便利，打通晋升层级与限制，为德才兼备者提供发展空间与平台，从而吸纳高素质应用型人才，形成良性循环。此外，政府应多措并举，逐步拓宽中小微企业融资渠道，同时在市场经济的作用下，适时引导中小微企业的行业方向，激励企业吸纳就业等。例如，在老龄化背景下，人们对于养老产业的需求日益增长，而与养老产业相关的银发经济既是拉动区域经济增长的新引擎，又是中小微企业大展拳脚的新舞台，加上政府政策的引导，能够适应区域经济的行业需求。

2. 将吸纳毕业生难的解决措施前移

目前，地方高校应用型人才"就业难"与中小微企业"用工荒"的矛盾日益凸显。为解决这一矛盾，首先，地方高校应采取措施让学生在校期间了解并认可中小微企业，实现"入学与入职"和"毕业与就业"的无缝衔接。地方高校应将学生入学与在中小微企业入职联系起来，将学生毕业与到中小微企业就业联系起来，将企业的岗前培训与职业培训前移到地方高校人才培养阶段，企业的岗前培训与职业培训是新员工适应工作岗位的必备环节，通过校企合作以及产教融合的培养方式来细化地方高校专业与中小微企业行业，将入职培训对标到地方高校应用型人才培养的课程设置中，以提升高校学生岗位职业技能素养。其次，地方高校应将工匠精神等职业素养前移到课程内容中。应用型人才是把专业理论知识及技能应用到企业实际生产、运营中的技能型人才，其需要将工匠精神体现在应用型人才的职业道德、品质、能力上，在敬业、专注的基础上精益求精、追求创新。

中小微企业招聘难，留住人才难，应当加强与地方高校教师队伍的联系。中小微企业不应仅在招聘的时候，才与地方高校教师建立紧密联系，而应将教师与企业的联系前移。地方高校应当培养扎实、稳健并不断创新的"双师型"队伍，"双师型"队伍不仅需要具有较高的思想道德素养，而且要具备扎实的理论知识及实践能力，能够洞悉本领域产业发展趋势以及本行业人才需求，这就需要教师与中小微企业建立紧密联系。第一，增加教师继续教育培训中的企业实践部分，走出学校，走出办公室，到中小微企业实践，了解行业、企业发展与教学工作的联系，提高教师的实际能力。第二，加强科研合作及技术转化，高校教师科研能力较强，中小微企业经营比较灵活、发展潜力较大，双方优势互补，在科研合作与技术转化的过程中，地方高校教师应提高学生的参与度，这不仅有助于提高学生的实践动手能力，而且能够使学生提前了解、深入企业，有助于毕业后选择该类企业就业。

（四）培养"思+专+创"相结合的应用型人才，增强激励机制，激发学生创新精神

1.将"思+专+创"相结合的培养方式融入应用型人才培养目标

河北省中小微企业无论是数量上还是吸纳毕业生的能力上，都起着至关重要的作用。中小微企业也有自身的特点，有高精尖领域，也有普通领域，且都在关注民生上发挥不可替代的作用。人才的培养具有周期长的特点，根据中小微企业需求调整人才培养模式存在时间差，这就要求地方高校要紧跟时代步伐培养应用型人才，并具有一定的前瞻性。与此同时，河北省地方高校应用型人才培养应当具有长效性，大学生在校时间有限，如何在有限的时间里将学生培养成专业领域的应用型人才，使其既能满足劳动力市场的需求，又能不断创新、不断突破，这就需要地方高校将思想政治教育、专业课教育以及创新创业教育相结合，培养既具有较高思想道德修养，又具有解决一线问题的能力，还具有创新创业能力的新时代好青年。

2.以固理论、增实践、强能力为基础，推进应用型人才创新能力

河北省地方高校要想推进应用型人才创新能力培养，首先，要制定能够满足时代要求、适应劳动力市场需求的培养方案，并在培养方案中提高实践课程比例，让学生走出课堂、走进实验室、走进操作间、走进一线现场。其次，要依托创新创业课程提升创新创业能力。地方高校应当将创新创业能力培养全方位多样化。其一，实施个性化教育，对每个学生进行针对性指导，发挥其特长，弥补其短板。其二，以赛促教，鼓励学生参赛，让学生思考并亲自动手操作，而且在备赛的过程中，指导老师可以对学生遇到的问题和困难给予针对性帮助，从而激发学生的创新思维。同时，参赛能够考验学生的耐力和抗挫折能力，这就将思想政

治理论课转化到实践运用阶段，参赛学生在选取主题的时候，需要衡量个人与社会的关系，选取有发展潜力并具有应用场景的主题，并在此基础上明确奋斗目标，坚定信念，然后朝着这个目标不懈奋斗。

河北省中小微企业要发展，就需要不断创新、不断突破，河北省地方高校应用型人才的培养将思政理念、专业技能、创新创业能力相结合，走"专+思+创"协调发展的应用型人才培养模式，不仅能够让学生学有所获，适应中小微企业的岗位需求，激发学生不断创新、不断突破，而且能够鼓励学生参与到中小微企业的创业过程中，这对促进河北省区域经济长效发展具有重要意义。

总而言之，新阶段给河北省地方高校应用型人才培养和中小微企业发展带来了新的挑战与机遇，地方高校应当抓住机遇，发挥自身的人才培养优势，迎接新挑战，并探索相关对策，改革现有的应用型人才培养模式。本研究通过分析河北省地方高校应用型人才培养现状，进一步发现了地方高校应用型人才"就业难"与区域中小微企业"用工荒"的矛盾，为了解决这一矛盾，以市场经济作用下的人才需求为导向，反推地方高校应用型人才培养的改革，从而助力区域中小微企业吸纳就业，共同推动区域经济发展。

第三章　新阶段高校应用型人才创新创业教育

高校应用型人才创新创业教育是以培养人类创新创业能力为基本价值取向的教育思想体系、理论和具体实施方法的系统总和。其主要作用是在全面实施学生素质教育的过程中，重点解决受教育者的创新创业能力培养的问题。

第一节　创新创业教育在新阶段高校应用型人才培养中的重要作用

一、大学生创新创业教育的外延教育

深化高校创新创业教育改革，是加快实施创新驱动发展的迫切需要，是推进高等教育综合改革的突破口，是推动高校毕业生更高质量创业就业的重要举措，意义十分重大。大学生创新创业教育是以培养创新意识和精神、提高创业知识和能力以及加强对创新创业实践指导为主要内容的系统的、全面的高等素质教育。大学生创新创业教育主要包括以下三个方面。

（一）创新创业意识

创新创业意识是人们从事实践活动时产生的自觉的能动反映；是一种致力于发现新问题，探索新事物，寻求新成就的求新、求异的心理倾向；是人类意识活动中积极且富有成效的意识形态；是人们进行创造性实践活动的出发点和内在动力。创新创业教育要摒弃传统教育中盲目接受的心理状态，培养学生的问题意识、批判意识和创造性思维。意识是行动的向导，只有创新创业意识强烈，才能促成创新创业的思想动机，激发创新创业欲望；只有具备欲望和动机，才能真正发挥创新创业潜能，最终将创新创业意识转化为实际行动。意识越迫切，动机越

强烈，创新创业的效果就越明显。

（二）创新创业能力教育

大学生创新创业能力教育主要关注创新的方法、科学技术、营销手段、法律常识、团队建设、领导力、协调能力和沟通能力。大学生在学习专业学科知识的同时还要掌握现代科技知识和人文知识，把科学技术转化为生产力，把自己的专业技能转化为管理能力和社交能力；关注国家大事，始终保持社会责任感；迎难而上，不屈不挠，不怕苦不怕累；诚实守信，乐于助人；掌握管理和沟通的技巧，具有市场应变能力；自信、自强、自立；打破创业的生存规则，创建适合自己的经营模式；加强团队合作和沟通，通过有效的分工凝聚团队力量，最终取得成功。

（三）创新创业实践教育

大学生创新创业教育的落脚点是实践教育，因为只有把创新创业教育同实践活动相联系，大学生才能充分发挥创造力和想象力，才能以严谨的学习态度了解问题、分析问题、解决问题，开阔视野，开拓思维，打破传统的知识结构，构建创新创业思维。高校在开展大学生创新创业实践活动时要配备经验丰富的教师来教授和监督大学生的实际应用能力，让学生在实践中积累创新经验，从而提高自身的实践水平。

二、应用型高校大学生创新创业教育的作用

（一）符合创新型人才需求和缓解就业压力的双重价值

建设创新型国家是根据世界科技发展趋势以及中国国情提出的重大战略决策，是我国面向未来的重大战略选择，也是我国进入创新型国家的奋斗目标。实现这一目标的重要支撑和保障就是高校持续输出高质量且能够在工作岗位上进行创新创业的人才。因为依靠劳动力、自然资源、投资等因素来推动经济发展，将逐步退出历史舞台，而以科技创新为抓手的新型经济能够推动可持续发展，而科技创新的主体是创新型人才。高校是培养创新型人才的主体，只有立足高校创新型人才培养现状，改革创新现有的高校管理、教师教学、学生学习与评价等方面

的内容，才能与时俱进。❶ 同时，只有重视并有效开展创新创业教育的高等教育才能培养出热爱创新、追求创新、不断创新的创新型国家建设者。随着高等教育质量的不断提高，高校毕业生不应只是求职者，而应是岗位的创造者，以创业带动就业。

（二）实现教育强国和改革人才培养模式的双重需求

高校推进创新创业教育是不断提升学生综合素质和挖掘可持续发展潜质的重要实践，把高校毕业生从只具有专业能力的求职者培养成适应国家经济社会协调发展的建设者。创新创业教育正逐步成为新时期我国加快经济社会建设的重要推动力，这不但是落实教育强国的重要举措，更是新时期经济社会建设的迫切需求。高等教育肩负着科教兴国、教育强国的重要使命，新时期人才培养模式也需要与时俱进，改革人才培养模式的重点就是把培养高素质的专业人才转变成培养具有专业知识且综合能力完备的全面人才。创新创业教育作为高等教育新的教育实践，能够引导学生创新思维、激发学生创新意识、支持学生创新实践，帮助学生从书本走向商场，要求学生具有应对实战的能力。创新创业教育能够让学生更早地投入一线、接触就业，提前具备竞争能力，无论是自主创业还是选择就业，让大学生有更多实现自我价值的方式和渠道。因此，把创新创业教育融入高等教育，作为改革人才培养模式的重要实践具有现实意义。

（三）提升竞争力和综合能力的有效举措

理论教育是创新创业教育的重要组成部分，它能够帮助大学生掌握更多创新创业知识，了解相关创业实操的政策法规，加强大学生对企业经营的理解和丰富大学生的内涵，帮助大学生理解创新意识、创新思维、创新实践对社会和个人的重要价值和意义。在创新创业教育实践中，大学生有助于增强社会责任感，提升个体责任感。大学生创业往往需要组建团队，通过协作分工实现创业实践和企业经营。创业团队和学生社团相比有很大区别，在创业团队中，大学生需要有协作和团队精神，这对于大学生团队意识的培养和协作能力的提升具有重要作用。所以在学生层面，开展创新创业教育对于提升大学生的竞争力和综合能力具有促进作用。

---

❶ 马然，栾琪.高校创新人才培养模式探析［J］.继续教育研究，2016（12）：120-122.

三、大学生创新创业教育的核心内容

（一）知识方面

大学生创新创业教育，不仅需要培养大学生创新创业意识和能力，还需要丰富大学生创新创业知识。创新创业知识既包含政策法律方面的知识，也包含创业所需的专业知识、经营管理等商业社会知识。例如，创新创业过程中会涉及企业经营管理特点、商务谈判技巧和经济核算方法等知识。创新创业知识包括培养大学生创新创业意识，创新创业意识是指人对创新创业活动自觉的反映，它包括需要、动机、意志等心理成分。需要是源，动机是泉，意志是刃，支配着创新创业者的态度和行为。大学生创新创业教育包含以下知识：熟悉提升创新思维能力的基本方法；明确创业的基本概念、基本原理和基本方法；明确创业的产生与演变过程；掌握商业模式的设计方法；对互联网经济趋势有较为全面的认识，能主动适应互联网经济大趋势。❶

（二）能力方面

创新创业知识并不是大学生创新创业教育的全部内容，学习了创新创业相关知识并不意味创业就能取得成功，还需要具备包括技巧、技能和沟通等在内的创新创业能力。大学生创新创业能力不仅包括创新创业认知能力，还包括专业能力和社会能力。创新创业认知能力包含认知环境和自我把握机遇的能力；专业能力包含经营管理、应变能力和解决问题的能力等；社会能力包含适应能力和处理人际关系的能力。只有具备了创新创业能力，才有可能为创新创业铺平道路。创新在创业过程中起着至关重要的作用，创新使创业具备了核心技术，也就是说，具有一定的优势和竞争力。创新创业是一项艰巨且庞大的工程，因此，创新创业能力的培养属于大学生创新创业教育的核心内容之一。

（三）素养方面

素养是指一个人的素质和修养，良好的素养是创新创业教育成功的一个重要条件。创新创业素养指的是在创业实践活动中的一种意识特征，该意识特征包含

---

❶ 戴品怡，章一莎，王宇松．转型期高校创新创业教育发展路径探索［J］．黑龙江教育（高教研究与评估），2020（1）：59-61.

情感和意志，并且对人的心理和行为起调节作用。创新创业素养既包括学生健全的人格，也包含学生健康的心理品质，而心理品质包括大学生积极稳定的情绪、坚强的意志、合作精神和团队意识。

在创业过程中，大学生往往会经历各种挫折，对于那些知难而退、望而却步的大学生来说，提高其抗压能力是非常有必要的。大学生创新创业教育素养包括以下内容：具备主动创新意识和创业潜质分析能力；能够进行创业机会甄别和分析；具有科学的创新创业观；激发学生的创新创业意识，提高学生的社会责任感和创业精神，促进学生创业、就业和全面发展。

创新创业教育是一种意识教育，大学生创新创业教育本质上属于素质教育，而心理素质在大学生创业过程中起重要作用，因此对大学生心理素质的培养和人格品质的锻造非常重要。大学生创新创业意识教育有利于培养大学生的创业意识，从根本上为大学生增添创业动力。

第二节　创新创业新趋势

经济学家、决策者和企业管理者认为，主要的创新创业模式是"生产者模式"，也就是说，最重要的创新设计来自生产者，并通过出售的商品和服务提供给消费者，在大部分经济发达地区，生产者创新是主导。然而生产者模式只是一种创新模式，由单一用户公司或个人进行的创新和开放的协作创新是未来发展的新趋势。

从创业的角度看，新农村、新郊区建设的红火，带动了农民的需求和农村市场的兴旺，使农村创业成了吸引力最强、利润最高的行业之一。

近年来，中国在线旅游行业复合增长率不断攀升，这使得传统旅行社开始挖掘在线旅游市场的潜力。中国在线旅游行业会持续保持快速增长态势。

生物医药是国家的战略性新兴产业，其制药技术将成为未来创新主动力，在未来 10～20 年内，国内的生物医药研发将持续保持快速增长态势。

目前，育儿支出已占中国家庭总收入的 23%。教育支出已经成为仅次于食物的第二大日常支出，教育产业作为朝阳产业，具有巨大的发展潜力。另外，医疗、连锁服务业、保健产业、金融服务业也是创业者的优先选项。

一、创新创业教育探索

（一）建立高校—企业协同培养模式

校企合作是创新创业教育的主要模式。高校要与企业密切合作，搭建创新创业支持平台，共建创新创业基金。

（1）鼓励大学生走进企业，增加大学生参与企业运行管理的实践机会，使他们了解企业的运作模式和流程，亲身感受企业经营管理。大学生要从企业的独特经营理念、运行制度规范、企业价值文化、服务理念等方面获得更多真实体验。

（2）鼓励教师走进企业，把创新创业教育与创新创业实践活动相结合，利用校企合作的便利，共同进行创新创业教育师资培养，提高教师队伍的整体水平。

（二）多方联动，在全社会营造创新创业氛围

（1）国家出台鼓励政策，地方政府积极响应落实，成立形式多样的创新创业社团和创客空间。

（2）政府和学校要建立专门的大学生创新创业实践"创业园"，在资金和政策上给予扶持。

（3）举办各类创新创业大赛，推动优秀项目落地，激发和调动大学生的创新创业热情，将创新创业理念植入大学生思想深处，让思想的力量发挥更大的作用。

（三）实现资源整合，推动双创高效发展

为实现资源整合，推动"双创"高效发展，高校应加强合作与互动，形成高效的创新创业教育系统。

（1）高校之间应整合利用学科资源、创客空间和政策资源，在主管部门协调领导下，加强合作沟通与交流，建构覆盖所有学生、涉及整个高校期间的创业教育体系。

（2）线上强调"走出去和引进来"的战略思路，同知名企业展开交流，引入更多企业资源。

（3）线下融入先进管理知识和理念，在教学内容设计与开发过程中及时迭代更新。

（4）根据学生不同的创业意愿与倾向进行个性化教育，避免采用"平铺直叙式"教学方法，以激发学生的学习兴趣，不断提高创业课程的针对性和有效性。

（四）建立一支内外兼修的创新创业教师队伍

（1）推进教师创新创业教育能力建设，优化教师评价机制。完善专业教师、创新创业教育专职教师到企业参与实践活动的模式，提升教师实践动手能力；探索建立教师创新创业教育能力标准和课程体系，并成为教师考核、评价的重要指标。

（2）优化创新创业师资队伍结构。通过薪酬激励、荣誉激励和创新创业合作等方式，吸纳具有专业背景的专家、政策制定者和行业精英走进课堂，担任创新创业课程的授课教师或导师，为单调的课堂注入新鲜力量。

（3）完善科技成果转移转化激励机制，推进科教协同育人。鼓励教师用科研成果反哺教育教学，以合同转让、入股和自主创业等形式实现科研成果商品化，鼓励教师带领学生共同创业。

（五）搭建校企合作、校内外合作新模式

为推动创新创业教育快速有效发展，高校必须在模式上寻求突破。

（1）利用校友，拉动社会资源。校友网络中有丰富的智力资本、人脉资本和金融资本，可以为高校创新创业教育提供全方位支持。

（2）鼓励教师，搭建校企合作网络。高校应深化产教融合，鼓励企业以兼职师资、市场、资金和技术资源等全方位参与高校创新创业人才培养工作，实现校企协同育人、联合创新和共同创业。

（3）利用科研，实现技术转移转化。高校可以充分利用自身的技术优势，搭建转移转化网络，通过专利信息服务、技术转移服务以及实践基地建设等形式，为学生创新创业的技术众筹、资金募集等建立通道。

（4）开阔眼界，实现国际合作。高校要在国家教育对外开放的战略布局中有所作为，通过创新创业大师引育、联合建立创新创业实验室、参与相关国际组织以及国际创新创业竞赛和活动等方式推进创新创业教育国际化水平的不断提升。

创新创业教育是一项系统工程，需要政府、学校、企业、学生等共同努力，多方位搭建平台，积极营造创新创业教育和实践环境，为大学生提供丰富多样的创业实践机会。这既可以为提升大学生的综合素质与能力提供巨大帮助，也可以为我国经济的发展做出杰出贡献。

二、"大思政"背景下的创新创业教育

"大思政"教育理念的产生，对高校教育教学改革提出了新要求，同时也为大学生创新创业教育提供了新思路。"大思政"背景下的学生创新创业教育也应该坚持这种认识，在"双创"教育过程中对学生进行思想政治教育，助力学生用创新思维认识思想政治的价值，培养学生用正确的价值取向引导创新创业活动的能力。

（一）开展思想政治教育与创新创业教育互动融合的实践活动

无论是思想政治教育还是创新创业教育，最终都需要通过实践来检验，在实践过程中实现二者的有机结合，培养社会所需的高素质复合型人才。

高校可以开展形式多样的志愿服务活动，引导学生参与相关活动，使其积累社会经验，培养正确的世界观、人生观和价值观。高校应有意识地激发学生的创新思维，培养他们发现问题、解决问题的能力。引导学生树立正确、积极的创业观念，通过社会实践，能够寻找正确的创业机会。

（二）树立正确的创新创业观

高校应帮助学生对当前国内外形势政策与个人需求和能力作出正确的评价和认识，使其科学理性地对待创业，从实现个人自身价值和促进社会发展两个方面判断个人进行创新创业的可行性。当今时代，国内外政治经济形势复杂，大学生进行创业活动会面临很多不确定性因素，导致创业失败的可能性提高。作为新时代的青年，必须具备一定的创新思维与创新意识，但并不是所有人都应该或有能力进行创业活动，必须对自己有真实客观的认识。

大学生即使树立了正确的创新创业观，也需要通过思想政治教育进行正确的引导，避免因为意识形态和思想问题导致创业行为失当、创业活动失败。大学生应该认真学习形势政策，正确、客观地认识当前社会经济发展趋势。同时，政府要加大政策宣传力度，让大学生了解并把握政策机遇，激发大学生创新创业热情。

（三）建立完善的人才培养模式

高校要想建立完善的人才培养模式，需要调动全员的参与热情，实现全过程

育人，进行全方位检验；还需要深入具体工作，端正教育观念，构建教育机制，建设师资队伍，完善教材体系，创建实训实习基地，拓宽教育渠道。

（四）建构大学生创新创业能力评价指标体系

高校在建构大学生创新创业能力评价指标体系时应围绕学生综合能力提升来全面评估，从专业能力、创新创业能力、综合素质三个方面进行考量。

第一，专业能力是指大学生对专业知识的掌握了解程度，以及大学生的分析判断能力、研究意识和能力。

第二，创新创业能力包含两方面内容：一是在校期间大学生参加社会实践、创新创业竞赛、科研项目等显现出的创新能力和实践能力；二是参加创新创业实践活动时表现出的资源统筹协调、项目经营管理、团队建设等能力。

第三，综合素质包含团队意识、社会责任感、坚韧不拔、诚信守诺等创新创业品质，这是大学生创新创业成功的关键，创新创业教育和思想政治教育各环节都不可或缺。

第三节 专业教育与创新创业教育融合

创新是社会发展的第一推动力，创新创业教育是国家实施创新驱动发展的战略，也是推进高校改革的出发点和突破口，是培养大学生具备创业思维与技巧、树立正确创业观与就业观的教育，为学生实现良好的就业和成功的创业提供服务。专业教育是大学生提升综合素质的主要方式和途径。专业教育与创新创业教育是紧密联系、有机统一的，共同培养大学生的综合素质。

一、专业教育与创新创业教育融合的背景

国外专业教育与创新创业教育的融合实践较早，高校专业教育和创新创业教育相融合是由经济驱动方式转型促成的。在创新创业教育相对比较成熟的欧美国家，其主要以商学院为中心，开展专业教育和创新创业教育融合的教育教学工作，这样能有效渗透创新创业教育理念，推动创新创业实践与专业学习紧密结合。从欧美国家的经验来看，专业教育与创新创业教育融合的关键是不同学科类

别中的差异性与适用性,大学生需要在教师带领下主动探寻二者之间的关系。

欧美高校的专业教育与创新创业教育经历了长时间的探索与融合,形成了磁石模式、混合模式和辐射模式等典型模式,探索开展知识讲授、交流研讨、实地走访、案例剖析、实践模拟训练等多种教学形式。我国高校在开展专业教育与创新创业教育融合以及设置课程时要借鉴欧美国家的先进经验,在教育教学中将学生所学的专业知识和未来职业发展规划相结合,并将创业教育作为教师的基本技能。既要让学生主动学、学得会,还要让教师愿意教、教得会,实现教学相长。

每所高校都有各自的办学目标与办学特点,在专业设置与特点、培养目标与方向上都有所不同,同时由于学生的知识储备与学习能力参差不齐,有效的专业教育与创新创业教育必须因人而异、因情况而调整。本研究立足于高校自身特点和学生实际情况,探索适合高校的专业教育与创新创业教育融合的发展途径。

二、专业教育与创新创业教育融合的途径

(一)教育理念的融合

专业教育与创新创业教育融合的前提是教育理念的改革,改变传统以专业教育为唯一的认识,树立能够使二者相融合、有效实现教育目标的教育理念。高校在进行专业知识教学的同时,应渗透创新创业知识,培养学生的创新思维、创新意识,赋予学生创业技能,增强学生步入社会后的适应能力。

(二)人才培养目标的融合

高校打破专业教育在人才培养目标上的壁垒,把创新思想、创新意识、进取精神、勇于探索尝试等融入现有人才培养目标。同时,要注意主次问题,高校在对学生进行专业教育与创新创业教育的过程中,要以专业学习为主,将创新创业思维培养和训练作为创业学习点,不过分强调创业实践活动,这样才能为专业教育与创新创业教育的融合发展奠定良好的基础,最终实现学生综合素质的提升和发展。

(三)专业知识和双创知识的融合

为有效实现专业教育与创新创业教育的融合,需要进行全过程管理,把创新创业思想贯穿于高校教育教学全过程。从大一新生入学教育开始,到学生在校期间的专业学习环节,直至毕业季的就业指导服务,每个环节都应该把专业知识和

双创知识相融合。这样做可以优化教学内容，丰富教学环节，提升教学效果。但是在融合过程中也要注意专业教学内容与创新创业教学内容的差异，要有区别地对待，不能胡子眉毛一把抓。

（四）教学方法的融合

教学方法对于达到教学效果产生重要影响，高校应选择适用于专业教育与创新创业教育融合课程的教学方法以取代传统的教学方法，有助于培养学生的创新性思维和主动解决实际问题的能力。教育者通过转换教学思想，可以创新教学方法，丰富教学内容，打造多样化、有特点的教学模式。

（五）教学内容的融合

坚持以专业教育为主，丰富创新创业教育内容，在专业教育中融入创新创业教育内容，同时强调专业实践活动。

第一，优化课程设置，开设专业教育和创新创业教育融合教育各类课程（选修课与必修课相结合、公共课与专业课相结合），实行学分制管理，提高学习灵活性。

第二，实现线上与线下、课堂与课后融合，保证教学效果的持续性。

第三，加强专业教育与创新创业教育师资队伍建设。为实现专业教育与创新创业教育的融合，教师必须具备这两方面的综合能力。建设一支专业化、高水平的教师队伍是实现专业教育与创新创业教育融合的重要保障。

随着社会的迅猛发展，专业教育与创新创业教育融合已成为必然趋势，这对于提高学生就业水平、加强高校专业建设和促进社会发展都具有重要意义。学生必须客观分析自身特点、学科现状和发展趋势，再结合职业特点，探寻符合个人实际情况的专业教育与创新创业教育融合的学习方式。

三、专业教育与创新创业教育融合的原则

（一）适应性原则

专业教育是根本，不能偏废，因为它是高校教育的重点，学生学习专业知识、具备专业能力是高校人才培养的主要目标，也是个人职业发展的基本保证。高校在进行专业教育与创新创业教育融合时，要坚持以培养专业人才为根本，在培养具有扎实的专业知识的人才过程中，适时、适度、适当地融入创新创业教育

内容，强化实践性教学活动，注重创新创业教育的实际操作效果，从而培养复合型创新创业人才。

（二）需求导向性原则

积极寻找改革融合方案，创新人才培养策略，在满足专业教育的同时将创新创业教育融入课堂教学。大学生要早日制定学业规划和职业发展规划，合理安排在校期间的生活与学习，协调自身专业理论知识学习与创新实践能力培养的关系。互联网时代的到来，要求大学生必须成为复合型人才，才能更好地立足社会。

（三）循序渐进原则

高校在培养专业人才的过程中要重视学生的心理需求变化与发展，同样，在进行创新创业教育时也需要关注学生的心理需求变化。高校要充分尊重学生的成长变化规律，循序渐进地进行探索和尝试，打破思维定式，从而提高学生的专业知识水平和创新创业能力。大学生也要形成正确的认识，积极认可并配合创新创业教育的实施，提升个人的综合素质和能力，同时，认识到创新创业教育需要经历一个发展的过程，受各方面因素的影响，改革不可能一蹴而就，要逐步改革、分阶段推广实施，当代大学生要在这个过程中努力扮演好社会赋予的角色。

第四章　创新精神与大学生创业就业

第一节　创新精神理论

创新精神的理论基础是指那些影响创新精神培养的"基础力量"或"决定性因素",如方法论、指导思想、研究成果等。在当前众多学科中,影响创新精神培养的理论基础主要有生理学和心理学。

一、培养创新精神的生理学基础

生理学是研究生物器官功能、生理现象及其规律的一门科学。由于生物类别的不同,生理学又可分为动物生理学、植物生理学和人体生理学。其中,人体生理学是培养创新精神的科学基础。这是因为人体生理学是研究人体结构、功能及其活动规律和原理的科学。人体的结构和功能是密切联系的。结构产生功能,功能又是结构的运动形式。

（一）关于人的潜能的研究

爱因斯坦曾说:"人类最伟大的发现之一,就是对大脑无限潜能的认识。"人的大脑潜能是无限的,很多心理学家认为,人的大脑只使用了3%,也有人认为使用了5%,还有人认为使用了9%,但有一点已达成共识,那就是人类大脑90%以上都处于休眠状态。爱因斯坦去世以后,科学家对他的大脑进行了解剖,发现他的大脑是目前世界上使用最多的人,但也只使用了1/3,2/3仍处于休眠状态。也有专家认为,人类潜在智商都有2000。但现代人的智商一般为49～152,一个人的智商若在140以上,便可以被称为天才。可是这离潜在的2000智商的1/10都不到。也就是说,我们每个人一出生都有潜在的2000智商,但是由于科学与教育发展所限，人类大脑潜能无法充分发挥出来。所以，当今世界各国都十分重视对人类大脑的开发与研究，把脑科学研究列为最富有挑战性的科学研究课题之一。人的潜能存在如此巨大的空间，这说明创新精神也具有广阔的发展空间。

（二）关于人的大脑两半球的研究

众所周知，脑是人类的思维器官，人类的智力素质与大脑的发展和成熟有密切关系。大脑主要包括左、右大脑半球，是中枢神经系统的最高级部分。人类的大脑是在长期进化中发展起来的思维和意识的器官。现代脑科学研究证明，人的大脑左、右半球功能在认知方面具有单侧化特征。左脑擅长语言信息加工和抽象逻辑思维，具有有序性、延续性、分析性的特征；右脑擅长表象信息加工和发散思维，具有无序性、跳跃性、直觉性特征。左、右脑功能的和谐发展与协同活动是创造力发展的物质基础，一切创造毫无例外都是形象思维与逻辑思维的互补效应。但过去囿于对人脑功能认识的偏差，学校教育长期受到"左脑优势"理论的影响，普遍存在只强调利用左脑功能、鼓励左脑活动的单一化倾向。教学过程大多偏重学生的语言和逻辑训练，使左脑承受"过度的教育"，同时忽视或轻视对右脑的非语言化训练，致使右脑功能的开发利用严重不足。学生大脑左、右两半球不能得到平衡、协调训练，这阻碍了学生创造力的发展。

现代脑科学对人的大脑的研究成果，证明了人的创造能力与人脑的功能有极其密切的联系，而且只有大脑左、右两半球的功能相互协调、平衡发展，创新潜能才能得到充分开发、高度发展。近年来，人们对大脑左、右两半球功能优势的研究成果，尤其是对右脑功能的新认识，为人们进行创新教育、开发人的创新精神提供了科学的生理学依据。

二、培养创新精神的心理学基础

心理学是研究人的心理现象及其发展规律的科学。心理学作为一门基础理论学科，它所研究的关于人的心理过程、心理状态和个性心理的成果，对人们培养创新精神具有重要意义。本部分主要从非智力因素、多元智能理论两个方面的研究理论成果来探讨培养创新精神的心理学基础。

（一）非智力因素对创新精神培养的价值

智力因素是指人在认识方面的能力，主要包括观察力、记忆力、思维能力、想象力和注意力。广义的非智力因素是指除智力因素以外的一切心理因素；狭义的非智力因素主要由动机、兴趣、情感、意志、性格五种基本心理因素组成。具体的非智力因素主要包括成就动机、求知欲望、学习热情、责任感、义务感、荣誉感、自信心、自尊心、好胜心、自制性、坚持性、独立性等。

智力因素与非智力因素是不可分割的统一体。在认识客观世界的过程中，人们的认识活动会逐步形成一系列稳定的特点，这些稳定的特点便组成智力因素；在改造客观世界的过程中人们的意向活动也会逐步形成一系列稳定的特点，这些稳定的特点便组成非智力因素。由于认识世界和改造世界这两大任务是统一且不可分割的，智力因素和非智力因素必然相辅相成、不可分离。

正因如此，人们无论从事什么活动，都离不开智力因素与非智力因素。

未来社会所需的具有创新精神的高素质人才，其非智力因素起至关重要的作用。

（1）引导作用。创新是一个充分发挥人的主观能动性的过程。非智力因素中所蕴含的崇高的理想、正确的动机，不仅会引导学生积极创新，还会把创新引导到推动人类社会进步的轨道上来。

（2）动力作用。非智力因素中的情感和兴趣是驱动创新活动的力量源泉。列宁曾说："没有人的情感，就从来没有也不可能有人对于真理的追求。"兴趣能激发人们的好奇心和求知欲，驱使人们去感知、想象和创造。

（3）调节作用。调节作用是指在创新素质的培养过程和创新活动中，非智力因素能够使主体支配自己的行动、控制自己的行为，以及增强或削弱自己的生理与心理能量，当行则行，当止则止，使其始终指向预定的目标。

（4）维持作用。创新是"走别人没有走过的路"，是一项艰苦的探求、创新活动，需要有顽强的意志力来维持。创新的成功与否与成就大小，在很大程度上取决于个人意志力的高低。[1]

---

[1] 李明良，曾方. 创新教育与学生非智力因素的培养 [J]. 中国成人教育，2002（12）：10-11.

另外，非智力因素固有的功能对培养人们的创新精神重大影响。

首先，非智力因素有助于调动学生的主动性。在培养创新精神的过程中，只有在非智力因素中所蕴含的需要、动机、兴趣、意志、性格、自信心等心理状态被充分激活之后，学生学习的主动性才得以展现，改造自己的积极性才得以调动，创新精神才能被激发，实践能力才能得到培养。

其次，非智力因素有助于培养学生创新的人格。非智力因素中所蕴含的意志力、责任感、荣誉感及自信心是学生道德品质和心理品质自我塑造、自我修养不可缺少的素质，而这些素质正是创新精神培养所必须的。

（二）多元智能理论对创新精神培养的价值

多元智能理论从科学上证明世界上没有两个完全相同的人，强烈要求教育突破工业时代培养"标准件"的教育模式。加德纳追求的现代学校是"以个人为中心的学校"，他不是提倡"个人中心主义"，而是"向一元化的思维挑战"，希望学校能够学会开发适应不同智能结构的有效的课程方案，最大限度地为每名学生的个性化发展创造机会。换句话说，就是要使每个学生都有"独胜"之处，即具有创新品格。多元智能理论指出智能是在实际生活中解决所面临的实际问题的能力，提出并解决新问题的能力。难能可贵的是，加德纳特别强调了这种智能观的社会实践性：在特定社会里，个人如何运用自身的智能，是一个必须面对的严肃且重要的道德课题。显然，这种智能观突破了传统智力理论多将智力视为人的抽象思维的局限，将智能与社会实践能力相融合。应当重点指出的是，多元智能理论还为如何培养学生的实践能力提供了重要的思路和方法，那就是突出"问题解决"的教育功能，使人们培养学生创新精神的目标，不局限为一个教育理想，而是成为有科学依据的教育行为。

1. 多元智能理论揭示了创新精神培养的可能性和必要性

加德纳从脑科学和人类学的角度指出，凡是一个正常的人，都是具有多种智能结合而成的有机体，即："每一个人都具有这些智能的潜能，我们可以依照各自的倾向或所处文化的偏好去动员或联结这些智能。"[1] 这意味着每个人都有全面

---

[1] 加德纳. 再建多元智慧 [M]. 李心莹, 译. 台北: 远流出版事业股份有限公司, 2000.

发展各种智能的生理基础，具有全面发展的可能性。

多元智能理论还揭示了全面开发学生各种智能的必要性，因为一种智力便带来了一种可能性，各种智力的结合便带来了多种可能性。就学生个体而言，全面开发他们的各种智能，可以使他们获得更多的发展可能性。更何况现代人生活在一个复杂多变的环境中，而在此环境中需要多种智能的组合。加德纳经过研究认为，各种智能对人的发展来说都具有同等重要的价值。加德纳考察了众多人才指出："事实上几乎具有任何程度的文化背景的人，都需要运用多种智能的组合来解决问题。因此，认为每一个人都是具有多种能力组合的个体，而不是只拥有单一的、用纸和笔可以测出的解答问题能力的个体，显得十分重要。"加德纳的多元智能理论揭示了只有全面发展人的智能，才能取得创造性成果，才能培养出具有创新精神的人才。

培养创新精神，必须利用多种途径开发学生的各种智能，促使学生的各种智能协调发展。

2.多元智能理论与创新精神和实践能力的关系

多元智能理论将智力定义为"解决问题和创造具有某种价值的文化产品的能力"，科学地揭示了创造力和智力的关系。在解决实际问题时，面对新问题、新情况不可能利用固有的模式去解决，而应该综合已有的知识和经验，创造性地设计解决问题的方案，灵活地选择解决问题的策略，这本身也是一个创造的过程。创新能力是一种人的多种潜能优化组合的结果，它与智能有高度相关性，只是以前人们对智能的认识和评价存在局限性，导致对智能和创新能力关系的认识存在局限性。

3.多元智能理论对创新精神培养的启示

多元智能理论告诉我们，人的智力是多元的，智力不是一种单一的整体能力，而是由多种智力成分组成的综合体。这些智力都是与生俱来的，存在个体差异。因此，在全面实施以培养学生的创新精神为核心的素质教育的今天，学习和研究多元智能理论是具有现实意义。

（1）创新能力是多元的，教育者在实施素质教育的过程中应培养学生多方面的能力。根据多元智能理论，每一种智能发展的自然轨迹都来源于原生的模仿能力，当一些个体的某种智能很突出时，另外一些个体却可能存在问题。如果不及时提供帮助，后者在需要运用这种智能解决具体问题时就可能失败，因而可以从中得知以下内容。

首先，智能具有自然轨迹的特性。

其次，教育和指导的作用随着智能发展的轨迹会有所不同。

再次，教育者可以通过发现学生创造力表现的各个方面，识别学生多元的创新潜能，并进行针对性教育、引导和培养。因此，学校在设置课程时要做到"三个结合"，即学科课程与综合课程相结合、隐性课程与显性课程相结合、选修课程与必修课程相结合，以满足不同潜能学生发展的需要。

最后，智能既可以是教学的内容，也可以是教学内容沟通的手段或媒体。例如，一名学生在学习某个数学原理时，由于他的数理逻辑智能并不好，可能会遇到一些困难。这是因为该学生所要学习的数学原理（教学内容）只存在于逻辑数学的世界里，只能用数学语言（媒体）来沟通（根据多元智能理论来说这个问题必然会产生）。此时，教师可以推荐另外一条通向数学内容的途径，如运用另一媒体作比喻。如此一来，学生就有了解决问题的第二条途径。也许作为替代物的另一种媒体恰恰属于该学生的强项智能。因此，教师应全面评估学生的能力，发现其创新潜能，有针对性地加以引导和培养，使之得到充分发展。

以多元智能理论为指导的素质教育观是时代的必然要求。它可以使教师树立正确的教育观、学生观、质量观、人才观；有利于高校营造素质教育的氛围，打破长期以来形成的只强调学科中心或某方面能力培养的单一的、片面的发展模式的局限性，使学校教育的目光从关注少数升学尖子转移到关注全体受教育者，客观地反映社会对人才需求多元化的现实，体现素质教育以学生发展为本、以培养学生的创新精神为核心的时代要求。

（2）创新精神的培养应面向全体学生，根据个体差异因材施教。多元智能理论表明，作为个体，每个人至少同时拥有相对独立的七种智能，只是这七种智能在每个人身上所表现出来的优势程度或组合方式不同，并且每个人都具有创新的潜力。创新能力并不是少数人的专利，而是大多数人都具有的一种智力品质。根据这种观点，创新教育应该面向全体学生，而不是个别优生；创新教育应该扬长教育，而不是补短；创新教育应多一些"个性化"，少一些"统一化"；创新教育应多一些"人性化"，少一些"工厂化"；创新教育变挑选适合教育的儿童为创造适合儿童的教育。每个人所处的客观环境、接受的教育、遗传基因的不同，在发展水平、程度、出现时间、特点等方面也有所不同，其创造力的表现也必然存在个体差异。因此，创新教育应面向全体学生，因材施教，尽可能让每个学生的潜能和优势都得到发挥，从而使其在某一个领域表现出独特的创新能力。

（3）建立多元评价和管理体系是创新精神培养的保障机制。根据多元智能理论，精心策划的评估过程能使学生根据充足的资讯证明作出适当的职业或副业领域的选择，也有可能使学生在遇到问题时有针对性地寻求解决方法。这样，评估在教育中起重要作用。在教育实践中，每名学生的智力特长是不同的，因而教育者不能依据固定统一的标准来评价、要求不同的学生，应该以学生智能特点为基础，采取更适合其发展的教育方式。

承认学生的个体差异和潜能差异，反对用单一的学业成绩来评价和管理学生，就应该建立评价目的、评价标准、评价主体多元化的评价和管理体系。用"一把尺子"来评价所有学生并不适应学生的个体差异和潜能差异，不利于学生的全面发展以及开发和培养学生的创新精神。创新精神培养的评价标准应是多元的：从历史看，个体是否进步？从现状看，还存在哪些差距？从个体自身的特点看，潜能是否发挥？这一评价标准有永恒的激励功能，因为它能够使学生在评价中看到"自我"，并为"自我"找到正确的定位，在自我否定之否定中充分发挥潜能，超越过去，实现不断创新的目标。在评价主体上，与创新教育相适应的评价主体应是学生、学校、家庭的结合。这是因为创新精神培养的评价和管理需要充满活力的鼓励创新的教育环境；需要增强教育教学管理的民主性；需要对学生实行差异化管理。学生通过参与评价过程所形成的自我认识能力、自我评价能力、自我教育能力和自我发展能力是教育目标不懈追求的；教师和学校听取学生评价和建议，不断调整和改进教育方案，使不同层次的学生各得其所、各有所获；学校主动接受家长的评价和监督，让家长参与学生发展的全过程，不但有利于学校、教师更进一步地了解学生的特点，而且能够为学生创设一个有利于其发挥创新潜能的大环境，这也是素质教育所追求的。

第二节 创新精神的培养

一、自觉增强创新创造的欲望

人们培养和发展创新精神和创造能力，首先要自觉地增强和提高创造性劳动，开拓工作新局面和提高创新创造能力的意识和欲望。

实验表明，人的任何一项创造成果，无论是发现成果、发明成果，还是创作的作品，都必须也只能在对创造活动本身有强烈的主动性和创造欲望的条件下才能获得。事实上，这也是创造性活动和一切非创造性活动，如记忆性活动、技能操作训练性活动的根本区别。人在进行记忆性活动时，即使对这一活动毫无兴趣，没有求知的欲望，但活动本身还是能进行的，记忆的效果也是有的，只是记忆的效果和效率可能会差一些。例如，有的孩子因为学习成绩不好，在挨打以后被强制读书，显然这时已没有什么兴趣或求知的欲望可言，但毕竟是可以获得一定的记忆效果的。在我国历史上，用强制的方法进行读书，坚持数年而获得显著成效的事例，可以说不胜枚举。同样，人在进行单调重复的、可操作性的、技能训练性的活动时，即使对活动毫无兴趣，也没有强烈的欲望，但照样可以学会技能，而且运用得很熟练。就好像工厂里的操作工人，对他所要学的、要掌握的某种操作技术，也许并没有很强的兴趣和主动性，也可能没有要熟练掌握的欲望，但却不影响他们最终成为熟练的操作工人。然而，创造性活动却不一样，一个人如果没有很强的创造欲望，没有对创造活动的主动参与性，不要说取得创造成果，就是进入创造活动的进程都不可能。陈景润钻研著名的哥德巴赫猜想问题，在6平方米的小房间里奋斗了6年，使用了6麻袋草稿纸，陈景润对这个世界性难题的钻研表现出来的是何等的兴奋和专注！对这一问题的钻研也绝不是行政领导布置的工作任务，完全是一种主动的、具有强烈创造欲望的行为。显然，正是这种积极、主动的精神状态和思维状态，为陈景润最后取得的成就提供了最坚实的基础。如果我们也像进行技能性训练一样，强制一个没有任何创造欲望的人进行创造活动，结果只能是一无所获。因此，可以这么说，没有创造欲望，没有对创造性思维的兴奋性，没有对创造性活动的主动参与精神，就不会有人的创造活动，也就不可能获得创造成果。

就培养、发展人的创新创造能力的方法和途径来说，首先要增强、提高创造性劳动和在工作中培养创新的意识和欲望。增强创造意识，提高创造欲望，就其本质来讲，是属于本人的思想意识和心理素质的问题，所以主要解决以下几个问题。一是培养和形成自己对工作的强烈的求知欲望和兴趣。对属于自己工作领域或者对与自己工作相关的领域中的信息，尤其是自己尚未知道、掌握的信息，要有强烈的求知欲，要培养和激发自己的兴趣。二是在工作和实践中要主动、积极思考，自己的工作怎样才具有创造性？自己的工作可以从哪些方面去开拓创新？在工作中自己可以想出哪些有创意的点子？等等。创新创造欲望就会伴随着主动、积极思考而不断增强。三是不断提高在工作中争先进的意识和欲望。争取先进是一个人、一个部门、一个单位甚至一个系统不断前进、发展的动力。任何一个人或一个微观部门、单位的工作在一个宏观的群体中都会处于一种客观的位置或态势，这种位置或态势会由于竞争而发生变化，有的会进步，有的会退步。因此，就需要不断地争取先进，不甘落后，而这种工作状态就决定了必须不断地研究新情况，提出新办法，解决新问题，显然会不断地激发创新创造的欲望。四是在工作和实践中，要尽可能地排除有可能弱化创造意识、创造欲望的种种心理障碍。特别是在刚开始参与创造活动时，一定要努力克服心理障碍，不怕遭受挫折，敢于发表自己独特的见解。人们越是敢于发表见解，创造的意识和欲望就越强烈，就越会主动参与创造活动；反之，越是主动参与创造活动，就越敢发表见解，就越增强创造的意识和欲望。

二、进行针对思维特点的培养和训练

众所周知，人的思维活动有多种思维形式，通过进一步研究发现，现代人对于各种不同的思维形式并不都擅长，显然，这是由各种社会原因，家庭或个人原因，甚至是心理和脑功能原因导致的。人们由于所擅长的思维形式的不同，会呈现不同的思维特点。例如，有的人擅长记忆显现性思维，但创造性思维可能就差一些；有的人擅长直觉思维，他的抽象思维或者逻辑思维就可能差一些；对创造性思维来说，有的人擅长扩散思维，他的集中思维可能就弱一些，而有的人擅长集中思维，他的扩散思维可能就差一些。在实际生活中，具有不同思维特点的人，其实际表现也有不同的特点。

擅长记忆显现性思维的人，当遇到或思考一个问题时，首先是回忆这个问题在书上是否出现过？书上又是怎样讲的？思考找到的和能够显现的思维成果是否能应对所遇到的具体问题？如果遇到的问题是书上没有出现过的，是头脑中没有现成答案的，那么思维就会出现一片空白，陷入不知所措的困境。他们在工作、学习中，一般都缺少创新意识、勇气和欲望，几乎不涉足创造领域。然而，在需要较强的记忆能力和熟练的技术操作的工作岗位上，他们会展现出明显优势，特别是在诸如知识性、技能性的考试、考核中，能获取优秀的成绩。

擅长逻辑思维的人，当遇到或思考一个问题时，首先会对是非作出判断，然后采用逻辑的方法来进行思考和论证，在得出结论以后，会对自己的观点充满自信，会坚持自己的见解，甚至可达到固执的程度。他们在自己处于人生低谷时，能够力排众议，努力奋斗，争取成功。但他们很难用辩证思维来看待和处理种种社会现象和社会问题，他们总是简单地看待是非对错，所以就不易把握事物由量变到质变之间的数量界限问题。他们在需要用推理方法处理问题的领域中具有明显优势，但在需要辩证地看待和处理问题上往往处于劣势，他们需要经过长时间的积聚，才能真正领悟唯物辩证法的真谛。

擅长扩散思维的人，当遇到或思考一个问题时，会表现出思维比较活跃，思路广，点子多，主意多，办法多，考虑问题周密，能提出多种可供选择的方案和办法。但在需要作出决定时，常常表现出犹豫不决、优柔寡断和举棋不定。这就决定了他们办事成熟稳重，他们一般不会做出冒险行动，也不会出现重大失误，他们最大的弱点是容易与转瞬即逝的机会擦肩而过。

擅长集中思维的人，当遇到或思考一个问题时，会表现出毫无办法和主意，即使想到一两种办法，对于进一步的思考，特别是进一步的扩散思维会出现较强的心理抑制。在实施过程中，即使遇到很大的困难，也会坚持做下去，很少转弯。但是若有他人提供若干种可行性方案时，可以迅速地作出正确判断和决策，选取最合适的方案和办法。

由于人的思维活动具有优劣势之分，而创造性活动的完成和创造成果的获得，常常需要多种思维形式的综合和优势的互补。所以人们需要根据自己或培训对象的思维特点，进行针对性的培养，以适当地加强原属弱势的思维形式的训练，提高相应的思维能力。例如，擅长记忆显现性思维的人，应多进行增强创造性思维能力的训练，经常要求自己积极地动脑筋，而不是靠回忆来思考和解决问题；擅长创造性思维的人，应适当地加强记忆方面的思维训练。擅长扩散思维的人，要适当加强集中思维的训练，如经常让自己处于作选择和判断的状态下；擅长集中思维的人，则要适当地加强扩散思维的训练，经常思考还有其他方法吗？还有其他可能性吗？假如事情发生了，将会引发怎样的后果？以提高自己的扩散思维能力。

人们进行针对性的思维训练，从根本上讲是要学习、掌握正确的、科学的思维方法，包括直觉思维方法、逻辑思维方法、辩证思维方法和创造性思维方法。人的正确的、科学的思维方法的形成是一个长期的过程，需要从现在开始就培养和锻炼。只要我们从现在开始，学习有关科学思维方法的知识，加上不断地实践，就一定能有所提高。

三、学习和掌握创新创造的方法

培养和提高创新创造能力，需要努力学习、掌握必要的发明方法或发现方法。

创造活动从自发获得发展成为自觉的行为，从机遇性的活动发展为科学性的活动，从经验性的活动发展为规律性的活动，其重要标志就是人们能够自觉地掌握和应用创造的方法，包括发明方法和发现方法。人们只要熟练掌握创造方法，并应用于实践活动，就一定能使自己的创新创造能力得到提高。

对于任何一个积极从事创造活动的人来说，方法的种类和方法所包括的内涵太多、太复杂。例如，世界上在正式出版物中介绍过的发明方法就有100多种，所以人们不可能学习和掌握多种创造的方法，只能娴熟地掌握某一种或某几种发现方法或发明方法，就进入实际使用状态。这就面临一个如何根据自己所确定的创造活动目标适当地选用发现方法和发明方法的问题。

人们首先要确定自己所进行的创造活动是属于发现活动领域还是属于发明活动领域。如果从事的是发现活动，那就应将精力集中在发现方法的学习、掌握和应用方面；如果有志于从事的是发明活动，那就应将主要精力集中于发明方法的学习、掌握和应用上。其次，无论是发现方法还是发明方法，每一种方法的种数都比较多，所以还是要从中选出某一种或某几种来重点掌握和应用。例如，从发明方法来看，有的人可以着重掌握和应用缺点列举法，而有的人则可以重点掌握和应用分割组合法。这样可以有针对性地提高创造活动效率，从而提升自己的创新创造能力。

四、善于捕捉创造性思维的火花

创造性思维具有无先兆性、闪念性、短时间内不再现性、朦胧性、灵感性等特点，所以创造性思维成果是需要捕捉的。这也就是为什么创造力人人皆有，但创造发明成果并非人人可以获得。这说明要提高和发展人的创新创造能力，就要善于捕捉创造性设想和创造性思维成果。

这需要人们有很强烈、很敏感的捕捉创造性设想的意识，经常使自己处于有准备的思维状态下，从而使一切有可能萌发的创造性设想都能及时被抓住。"机遇最钟爱有准备的头脑"正说明有准备的思维对于创造性活动的重要性，而有准备的思维恰恰来源于强烈而良好的意识。

在具有良好意识的基础上，就需要提高及时捕捉创造性思维成果的能力。其一，迅速的强记，就是在很短的时间里，将自己萌发的创造性设想迅速地、反复地在大脑中浮现，以强制自己的大脑留下创造性设想的思维痕迹。其二，采用一切可能的手段，迅速地将创造性设想摘要性地记录下来，所以从事创造活动的人随身携带记录工具，如笔记本、手提式电脑等是非常必要的。其三，只要有可能或有条件，就要将创造性设想或想法讲出来，这主要是因为人在讲话的时候，思维也在同步而且高效地运行，许多一闪即逝的想法只要通过语言的表述，就会立即印刻在大脑中。而且人们在语言表述的过程中，还会进一步激发出新的创造性设想和想法，所以有意识地将创造性设想讲出来就成为激发创造性思维和捕捉创造性思维成果的一种重要手段。

第三节　创新精神在大学生创业就业中的促进作用

一、创新精神在创业前期的作用

创业，可以理解为一个人根据自己的性格、兴趣、所学专业、能力等选择适合自己的职业，并为这个职业的成功准备各种条件，最后实现人生目标的过程。大学生创业不同于一般学生所参加的专业竞赛或者科研项目，它是大学生改变就业观念，利用自己的知识、才能和技术，以自筹资金、技术入股、寻求合作等方式，创立新的就业岗位，不做现有岗位的竞争者，而是为自己、为社会上更多的人创造就业机会的过程。通过创业活动，大学生从知识和技能的拥有者变为社会财富的创造者。然而，创业毕竟不像找工作那么简单，有多少人了解创业的真谛？《孙子兵法》有云："兵者，国之大事，死生之地，存亡之道，不可不察也。"以此来理解创业，就是"创业是一件很重要的事，一定要谨慎对待"。

有一句英国谚语是这么说的："对一条盲目航行的船来说，任何方向的风都是逆风。"目标好比航行在大海中的轮船的方向，航海远行的人必须明确目的地，才能在它的指引下乘风破浪，到达成功的彼岸。大学生如何才能把握自己的行动目标，实现成功创业？创业前要做哪些准备工作？创业者又该具备哪些素质？已成为 21 世纪高校领导者讨论的焦点。

（一）创新精神是创业成功的金钥匙

本文所说的创业，是把创新成果转化为生产力的过程，是一个创造新价值、开辟新道路的过程。因此，大学生要想取得商业上的成功，必须把创新和创业有机结合起来，加快推动自主创新，力促企业成为创新主体。可以说，创新是创业的手段，企业只有通过创新，才能保持持久的生命力。

（二）创业的基本素质

风险投资界有句名言："风险投资成功的第一要素是人，第二要素是人，第三要素还是人。"这足以证明风险投资家对创业者个人素质的关注程度。在他们看来，创业项目、商业计划、企业模式等都可适时而变，唯有创业者品质难以在短时间内改变。创业者要想成功创业，必须具备相应的创业素质。

1.什么是创业素质

创业是极具挑战性的社会活动，是对创业者自身智慧、能力、气魄、胆识的全方位考验。一个人要想创业成功，必须具备基本的创业素质。创业素质就是创业行动和创业任务所需要的主体要素的总和，是创业者创业实践前所经历的物质和精神力量的聚集过程。它帮助创业者在创业过程中克服困难，战胜挫折，解决问题，最终实现创业目标。创业基本素质包括创业意识、创业心理品质、创业能力和创业知识结构四大要素，如图4-1所示。

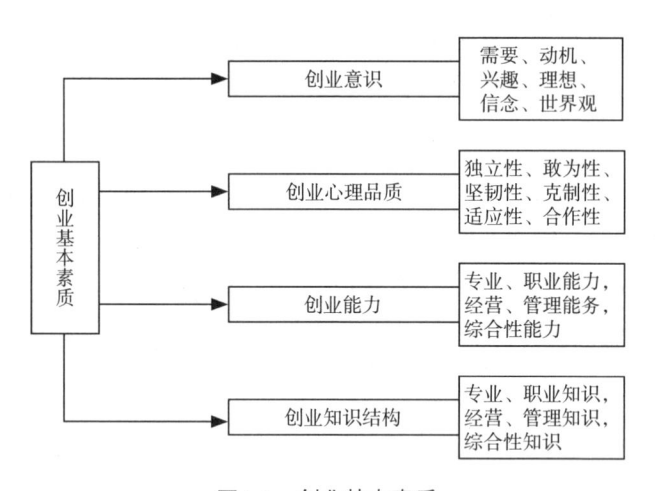

```
                  ┌─── 创业意识 ─── 需要、动机、兴趣、理想、信念、世界观
                  │
                  ├─── 创业心理品质 ─── 独立性、敢为性、坚韧性、克制性、适应性、合作性
创业基本素质 ─────┤
                  ├─── 创业能力 ─── 专业、职业能力，经营、管理能务，综合性能力
                  │
                  └─── 创业知识结构 ─── 专业、职业知识，经营、管理知识，综合性知识
```

图4-1　创业基本素质

2.创业者必备的素质

俄国最伟大的文学家托尔斯泰说："幸福的家庭都是相同的，不幸的家庭则各有各的不幸。"套用这一句话，我们也可以说："成功的创业者都是相似的，而失败的创业者则各有各的原因。"通过调查研究，我们不难发现成功创业者的共性，若以此共性来反观自己，至少可以清楚自己是否适合创业，如果创业，是失败的可能性更大，还是成功的概率更高。

（1）欲望。将"欲望"列在创业者必备素质的第一位，多少使人感到意外。真正的创业者一定有强烈的欲望。创业者的欲望往往超出他们的现实，需要突破他们现在的立足点，伴随着行动力和牺牲精神，打破眼前的樊篱，才能够实现。

因为欲望而去创业，因为努力行动而成功，这是大多数白手起家的创业者走过的共同道路。

（2）眼界。"一个人的心胸有多广，他的世界就有多大。"我们也可以说："一个创业者的眼界有多宽，他的事业就有多大。"如果一个创业者拥有广博的见识、开阔的眼界，就会使创业活动顺利进行，获得成功。眼界的作用，不仅表现在创业者的创业之初，还贯穿于创业者的整个创业历程。俗话说"见钱眼开"，我想说"眼开见钱"，眼界开阔才能赚到更多的钱。创业者必须有开阔的眼界。

（3）资源。创业不是引"无源之水"，栽"无本之木"。每一个创业者，都必然有其可依靠的各种条件，也就是他所拥有的资源。创业者资源可分为内部资源和外部资源。内部资源主要是创业者个人的能力及其所占有的生产资料和知识技能等。而在外部资源中，最重要的一点就是人际资源。一个创业者必须在最短的时间内建立最广泛的人际网络，这有利于创业活动的顺利进行。

（4）胆略。"胆略"，我们可以理解成"胆量＋谋略"。商场如战场，一个有勇无谋的人，早晚会成为别人的盘中餐。

创业需要胆量，需要冒险。冒险精神是创业家精神的一个重要组成部分，但创业毕竟不是赌博。创业家的冒险，要有别于冒进。

有这样一个故事：一个人问一个哲学家，什么叫冒险？什么叫冒进？哲学家说，比如有一个狼洞，一个老虎洞，洞里各有一桶金子，去狼洞拿就是冒险，去老虎洞拿就是冒进。假如洞里只有一捆劈柴，那么，即使那是一个狗洞，你也是冒进。

同样，创业是一项斗体力的活动，更是一项斗心智的活动。创业者的智谋，将在很大程度上决定其创业成败。尤其是在目前产品日益同质化、市场有限、竞争激烈的情况下，创业者不但要能够守正，更要有能力出奇。

3. 不具备创业素质的十种人

现实中，并非所有人都具备创业素质，究竟哪些人不适合创业？社会心理学家认为，以下十种人不适合创业。

（1）缺少职业意识的人。

（2）优越感过强的人。

（3）唯上是从，只会说"是"的人。

（4）偷懒的人。

（5）片面和傲慢的人。

（6）僵化死板的人。

（7）感情用事的人。

（8）"多嘴多舌"与"固执己见"的人。

（9）胆小怕事、毫无主见、树叶掉下来怕砸破脑袋的人。

（10）患得患失却又容易自满自足的人。

当然，世上万物，并非一成不变，性格是可以改造的。倘若你的性格有缺陷，在决定创业之前，要努力改变性格类型，不断丰富和完善自我，培养良好的创业素质。

二、创业项目选择中创新精神体现

创业不是一件容易的事情，创业过程中的项目选择则更为不易，而创新精神在创业中的促进作用能使创业者在创业之初，尽可能避免常规，另辟蹊径。21世纪如何做一名成功的经营者呢？比尔·盖茨说："21世纪只有两种生意可以做，一种就是互联网生意，一种是不做生意。"李嘉诚说："一个新生事物，当只有5%的人理解时，谁去做谁就能成功；当有50%的人理解时，你只做个消费者就可以了；当有超过50%的人理解时，你想都不用想了。"

所以，创业选择必须符合时代趋势，选择自己感兴趣的行业，做自己最熟悉的行业。只有这样，你才能积极投入时间和精力，有信心做好每一项工作，创业成功的概率才会更大。

创业者在创业的路上，通过积累不断地去发现、去寻找、去选择合适且可行的项目，是创业成功的有力保障。美国一位成功的创业者曾说："创业最主要的是考察你所选择的方向对不对，所选项目的市场规模够不够大，你的产品有多大的营销地域空间和多大的消费人群及消费量。这些都是我们首先要考虑的，因为你必须保住这个市场，要实现收支平衡。"因此，大学生在选择创业项目前应明确创业目标，找准目标客户，确定适合的营销模式和创业方式。

（一）创业环境选择

创业环境在创业活动中发挥极其重要的作用，它包括影响人们开展创业活动的政治、经济、社会、文化等诸多要素。大学生创业的地区和行业环境相对于宏观环境来说，其影响更直接、更具体，也更具有特殊性。选择哪个地区创业，选择什么行业是大学生创业首要考虑的问题。

1. 企业栖息总是选择适宜的区域

诚然，不同的地区由于观念、文化、经济发展水平等差异，对待同一个事物的态度是不一样的。上海这样良好的服务环境和发展氛围，是很多创业者心目中的首选。

因此，对于一个准备创业的大学生来说，在做好心理、能力、资金等准备的同时，须对选择项目的地区环境进行透彻分析，并结合自身特长或优势选择良好的创业环境。尤其在地区环境的选择上：一要看你的行业、项目相对于这个地区内其他企业的规模、影响程度和发展前景有多大；二要考虑如何创新性地去改变这个环境，使你的产品能为大家所接受。

2. 选择你要创业的行业

俗话说："女怕嫁错郎，男怕入错行。"能否对行业环境作出客观、准确的分析，是创业成功与否的重要因素，因此，创业者必须详细地考察行业情况，慎重作出选择。

创业者可以从以下方面分析评价创业环境。

（1）市场规模。一般以行业销售收入或产量表示。

（2）竞争范围。一般分为本地的、地区性的、全国性的与国际性的四类。

（3）市场增长率及行业处于生命周期哪个阶段。

（4）竞争者的数量及其相对规模。

（5）顾客的数量及其相对规模。

（6）与其他行业之间的纵向一体化发展状况，包括前向一体化、后向一体化或综合纵向一体化的发展状况。

（7）进入与撤出该行业的难易程度。

（8）生产过程与新产品导入其中技术变化的速度快慢。

（9）同行业竞争者产品或服务的性质及差异。

（10）规模经济状况。

（11）资本利用率的作用。

（12）行业是否已经形成较强的学习与经验曲线。

（13）对企业资本数量的要求。

（14）行业的盈利水平。

通过对行业环境的分析，创业者再从自己的实际条件出发作出行业选择：我愿意在该行业中创业吗？我有能力适应这个行业吗？我所拥有的技能和资源能够满足该行业的要求吗？我能在激烈竞争的行业环境下管理好一个企业吗？如果经营状况不理想，我能否尽快撤出……在对以上问题作答后，创业者就可以对自己适合从事哪个行业作出相应的选择。

（二）创业项目选择

在确定了创业地区和行业后，具体做什么项目，也是创业者必须考虑的问题。如何规避风险永远是选择投资项目的首要问题，选择投资项目不仅要思考如何赚取利润，还要时刻考虑如何不赔钱。

创业者究竟该如何选择项目？

选择项目，是创造一个切入社会的端口，是找到一个与社会结合的点。这需要"知己知彼"。知己，就是要清醒地审视自己：优势、强项、兴趣、知识积累与结构、性格与心理特征等；知彼，是立足现在，对社会未来发展趋势要有清晰的认识，判断出市场稳定的、恒久的、潜在的需要。特别是对潜在的趋势和需求，如果能够敏感地捕捉到，你就离成功越来越近。

1. 选项要下功夫

别人做成功的项目你未必做成功，别人做失败的项目你未必不成功；关键是你要熟悉你的投资业务，不要盲目地交学费。

选项要舍得下功夫，花气力，要严格地审视自己，慎重地判断市场走向，捕捉初露端倪的苗头；要静下心来，认真调查研究，寻找事实根据。只有这样，才能使目标坚实可靠，至少自己心里踏实、确信无疑，才会全力以赴地去干，在奋进中不犹豫、不徘徊、不动摇，不因挫折而心灰意冷、改弦更张。

2. 选项要依资本而行

投资者通常缺少的是资金，当资本不足的时候选择项目的方法只能是跟风，就是别人干什么，你就跟着干什么，越是很多人干的事你越应该干。例如，每个菜市场都有几家卖豆腐的，你去卖豆腐一般不会赔钱，尽管赚不了多少钱，等有资本的时候再创造市场。如果你是二次投资，或者可以一次性筹到比较多的资本，你大可不必跟风，自己去创造市场，把潜在的市场开发出来，从而获得超常的利润回报。

3.选项要有"根"

选择的项目一定要有"根"，就是项目生命的根，它是活下去的条件、站得住脚的基石。争夺市场份额的内在力量，归纳成四句话，就是别人没有的；先于别人发现的；与人不同的；强人之处的。"别人没有的"，可以是某种资源与某种特定需要的联系，可以是某种公认资源的新商业价值。一个走亲戚的人发现附近山上有白色的土，它是可以制作陶器的一种土。他进一步了解到附近有铁路，于是买下这块下面有陶土的地，把土晾干磨成粉——卖起陶土来。"强人之处的"，一个项目，哪怕只有一点高人一筹、优人一档、强人一处，就是根，如质量的、功能的、外观的、设计的、成本的、经验的、模式的等。比如成本，谁能想到"世界500强"排名第一的沃尔玛零售企业，它能够把管理费用控制在销售额的2%，这叫真功夫。据说他们总部的办公室像卡车终点站的司机休息室，可见，他们为降低成本而努力的背后是一种什么样的精神。

综上所述，选择投资项目要因地而异、因人而异、因环境而异。关于什么是好项目，对于小额投资来说，关键是要找到能够达到和促进资本迅速增值的那个"点"。如果创业者找到了，这个项目就是一座金山。

每个人都有自己的性格，每个人也都有适合自己的一种行业。因此，创业者在创业之前，首先了解自己的性格适合做哪方面的投资项目，适合从事哪一种的行业。

三、创新精神转变就业观念

专家调查发现，大学生就业理念受社会各种价值取向的影响，其中创新精神就是其中影响较大的一个因素，与此同时，就业观念也存在很多误区，具体表现为："宁愿出国带光环，不在国内做职员"；"宁到外企做职员，不到中小企业做骨干"；"就业难上难，不如升本再考研"；"宁要城里一张床，不要西部一套房"；"宁喝城市一碗汤，不愿回乡奔小康"等现象。

(一)认清就业形势

在校大学生应如何看待高校毕业生就业形势呢？总的来看，世界经济形势的不确定性、经济增速放缓、行业结构调整和产能过剩、全国高校毕业生人数创历史新高等不利因素决定了高校毕业生就业形势不容乐观，必将面临巨大的竞争压力。

那么，我国大学生拥有量是不是真的过剩了？是不是真的到了大学生没有用武之地的境况？

我国权威的人口与劳动经济研究部门的报告显示，无论从数据统计还是从实际状况来看，我国目前的人力资源，尤其是高校毕业生还是较少。2022年，我国高等教育毛入学率达59.6%，而美国为82%，日本、英国、法国等发达国家均在50%以上，韩国、印度、菲律宾也在30%左右。我国7亿多庞大的从业人员中，高层次人才依然稀缺，这些数据清晰地表明，高校毕业生可以充分发挥才智的天地非常广阔。

我国高校现有量与发达国家比较，目前接受过高等教育的人数仅占全国人数的17%，高校在校生的人数还远远达不到国家战略发展的需求。

从国际国内经验来看，只有受高等教育的人口比例越来越大，国民整体素质才能越来越高。虽然目前高校毕业生存在就业难的问题，但是高校扩招依然是大方向，是大势所趋。专家们建议，高校毕业生树立"行行可建功、处处能立业、劳动最光荣"的就业观念，才是改变大学生就业难现状的根本方法。

党的十八届三中全会通过的《中共中央关于全面深化改革若干重大问题的决定》（以下简称《决定》）用较长篇幅对高校毕业生就业工作进行部署，明确提出五项任务：一是要结合产业升级开发更多适合高校毕业生的就业岗位。二是政府购买基层公共管理和社会服务岗位更多用于吸纳高校毕业生就业。三是健全鼓励高校毕业生到基层工作的服务保障机制，提高公务员定向招录和事业单位优先招聘比例。四是实行激励高校毕业生自主创业政策，整合发展国家和省级高校毕业生就业创业基金。五是实施离校未就业高校毕业生就业促进计划，把未就业的毕业生纳入就业见习、技能培训等就业准备活动中，对有特殊困难的毕业生提供全程就业服务。党的三中全会提出的这些明确要求，为我国高校毕业生就业工作提供了基本遵循，指明了前进方向，也就是说，高校毕业生应有比较大的就业空间。

（二）树立正确的就业观

正确的就业观念是适应社会主义市场经济发展的新形势，适应当前高校毕业生就业的宏观环境及新的就业方向。正确的就业观念包括五方面内容。

1. 克服"等、靠、要"的陈旧观念，确立就业市场化观念

随着社会主义市场经济的逐步建立，人才市场、劳动力市场也将得到建立和完善。各类人才市场覆盖了全国所有市、县，基本形成了省、市、县三级人才市场网络体系。随着人才市场的不断完善，人事计划、调配体制、人才部门所有制的网络结构开始松动，使一些中小型企业能够通过人才市场引进紧缺人才。国家对毕业生就业打破了几十年一贯制的分配制度，开辟了毕业生通过市场就业的新路子。各地人事部门通过发函、网上发布信息、供需见面会、新闻发布会等形式，帮助毕业生落实工作单位，各类毕业生都将逐步进入人才劳务市场，实行双向选择，平等竞争就业，这是社会发展的必然趋势。因此，毕业生应摒弃计划经济时期"统包统配"机制下"等、靠、要"的陈旧观念，在服从人事部门和学校安排的前提下，通过各种途径了解经济对人才的需求情况，从多种渠道及时收集人才需求信息，主动进入市场。

2. 练好内功，树立竞争开拓观念

有市场，必然有竞争。有无竞争观念，竞争观念的强弱，在某种意义上决定毕业生能否选到合适或理想的职业。强化竞争观念是毕业生求职前的基本心理准备。树立竞争观念，就要敢于面对竞争，主动应对竞争，在社会各个领域和社会生活的进程中，都具备不等不靠、练好内功、有所作为、有所创新的精神。若要提高竞争能力，大学生必须具备扎实的学识和本领，主动投身于竞争实践。竞争是实力的较量，优胜劣汰、适者生存是竞争的法则。要增强对竞争结果的承受力，克服在竞争中遇到的困难与阻力。如果真正把竞争看成一种高层次的满足，并且奋斗不止，就一定能在竞争中克服困难和阻力，立于不败之地。

有强烈的竞争观念，相应的就会有积极的开拓精神。不要过多关注"冷门""热门"，过于强调专业对口，要敢于争取相关岗位，敢于进入一个崭新的领域去开拓新事业。同时应该有这样的观念："冷""热"总是相互转化的，今天的"热门"，可能是昨天的"冷门"升温的，今天的"冷门"，可能是昨天的"热门"降温的。

3. 处理好待遇和事业的关系，树立经济效益观念

当前，国有企业在转换机制、调整结构的过程中，由于生产经营比较困难，接纳毕业生的需求十分有限；而我国乡镇企业发展迅速，对毕业生有较旺盛的需求；私营企业也需要一批技术和管理人员及其他从业人员，这也是毕业生就业的新途径；合资合作和外商独资经济也纷纷争抢高层次的研发人才和高素质的劳动力。毕业生不能只看所有制性质，关键要看单位是否需要人才，是否重视人才，具体分配办法和收入怎样，福利与保险如何，产品结构、质量、管理、效益、发展趋势如何。

毕业生又要避免走向另一个极端。应当处理好眼前利益和长远利益的关系、待遇和事业的关系，不应图一时的"实惠"而荒废学业，或者只盯着效益好赚钱多的企业而不考虑社会和经济发展的需要。

4. 树立发挥所长、甘到一线的观念

一些高校毕业生就业指导负责人指出，从目前我国很多地方的实际需求看，高校毕业生根本不存在过剩的问题。例如，基层单位县、乡、村，中西部地区，民营企业的技术工作等都有很大的需求。重庆市明确结合乡村振兴、基层治理和公共服务需要，开发基层劳动社保、社区服务、医疗卫生、文化科技、法官检察官助理等就业岗位2100个左右；稳定实施"选调生""三支一扶""特岗计划""西部计划"等基层项目规模4000个左右。

目前，企业普遍急需生产第一线的操作人员、技术人员。这也是职业院校的培养目标。立足第一线、从埋头苦干开始，树立吃苦耐劳的新形象，在实践中不断提高和发展自己。

农村天地广阔，在那里可以大有作为。农村科技事业的发展，急需大批科技人员。据统计，我国目前平均每百名农业劳动者中只有科技人员0.023名，每百亩耕地平均拥有科技人员0.0491名，而发达国家每百亩耕地平均拥有1名科技人员。

5. 树立先就业、后择业、再创业的观念

毕业生需要摒弃"一选定终身"的传统就业观念，在落实和选择工作单位和岗位时，不求一步到位。因此，广大毕业生要对自己和社会有一个正确的认识和分析，对就业单位、岗位的挑选要有度，适当调整就业期望值，迟就业不如早就业。工作若干年以后由于知识的更新、能力的提高，还可以根据自己的实际情况和发展方向，重新选择就业单位和岗位。大学生创办中小企业是一条很好的就业出路，由于种种原因，部分毕业生在短时间内难以找到合适的工作单位，需要自谋职业。一些毕业生也可以加入个体工商户和农村专业户、科技示范户的行列，利用所学专业技术创一番事业。可以独立，也可联合起来从事建筑业、修理业、饮食业、服务业、交通运输业和娱乐业等。可以在本地创业，也可以到他乡创业。从近几年毕业生成功的例子来看，发挥自身特长，从事个体工商户、个体经营的三产服务，进行自主创业，未尝不是一条通向"罗马"的道路。据统计，目前，我国中小企业数量已达到4700多万家，在我国企业比重中占到了97%以上。截至2023年年底，我国创新型中小企业已达21.5万家，专精特新中小企业达9.8万家。在专精特新中小企业里，民营企业占比非常高，约为95%。此外，国家为鼓励、扶持大学生创业出台了许多优惠政策，各地政府也在积极为大学生创业提供创业环境、银行贷款、工商税务、物价市场等政策支持。职业院校毕业生发挥专业技术优势，艰苦奋斗，走以创业精神立身于社会之路将大有可为。"山东虫王"艾宝荣就是大学生创业成功的例子。

（三）择业的基本原则

"自主择业"并不意味着随心所欲，社会因素和高校毕业生自身素质条件的限制，使大学生择业必须遵守以下五个原则。

1. 明确职业定位，发挥自身优势的原则

所谓发挥优势的原则，就是指毕业生在择业时，一定要综合自己的实际情况，侧重能够发挥自己的优势。

不同的职业对从业者的生理、心理、专业素质及思想品德的要求不同，毕业生在择业时要分析不同的职业特点和职业要求，弄清楚自己能否胜任该职业的要求。如果一个职业能使求职者发挥自己的优势，将会使其保持良好的心理状态，增强自信心，很快进入工作状态，有利于个人的发展。坚持发挥优势的原则是取得成功的第一步。

2. 了解职场需求，符合社会需要的原则

服从社会需要是毕业生择业的前提，自主择业并不等于自由就业，社会提供了哪些职业、社会需要从事什么职业的人是毕业生选择职业的前提。因此，毕业生在考虑自身优势的同时，选择职业不能完全凭自己的兴趣爱好，更不能无视社会的实际需要凭空设计自己的职业，而要根据国家的经济状况和实际需求确定自己的职业目标。如果毕业生的职业选择符合社会需要，就会充分地实现自我价值。反之，如果毕业生的职业选择不符合社会需求，实现自我价值的可能性就很小，同时也会影响个人的发展。

3.把握就业政策，遵守政策约束的原则

政策约束的原则是毕业生在择业时，应把有关政策作为择业必须遵守的规范。毕业生在择业前必须全面了解就业政策，包括国家总的就业方针政策、地区的就业政策和规定、学校的具体规定、用人单位吸引人才的规定和人事制度，在就业政策允许的范围内选择就业目标，避免走入择业误区。

4.确定择业目标，争取及时就业的原则

争取及时就业的原则是指毕业生择业时，应该在个人能够就业的若干职业中，选择一个相对较好的及时就业。在就业竞争日趋激烈的当下，毕业生应该坚持先生存后发展、先就业后择业的原则。把及时就业放在首位，确保就业成功，之后再谋求发展。

5.分析职场反馈，适时调整目标的原则

适时调整的原则是指在毕业生求职时及时调整就业目标。在就业过程中这是必不可少的。职业选择必须从实际出发，就业情况并不是一成不变的，有时会发生很大变化。同时，毕业生由于求职初期考虑不全面，在实施中遇到了行不通的情况，这就需要依据新的情况，适时调整自己的择业目标，慎重地进行重新选择。在得到新的反馈信息和进行择业目标调整时一定要注意及时性，以免错失良机。

职业选择是职业生涯的正式开始，职业选择如何，直接关系到事业能否成功。因此毕业生在选择职业时，一定要透彻理解职业的内涵，全面分析所选职业是否真的适合自己，自己有无从事此职业的能力，工作条件可否接受。

任何一个单位，都有其有利的条件和不利的因素。毕业生在选择就业单位时，必须对制约条件进行全面考虑。在职业生涯中选择职业十分重要，每一名毕业生都力争走好人生的这一步。

四、创新精神调适就业心理

大学生就业是其跨出校门进入社会的标志,是其人生中至关重要的一步。这个过程是对每一名大学生身心素质的全面检验,是否具备创新精神对于学生在当今社会就业竞争中的生存影响越来越大,大学生必须具备相应的创新精神以及良好的身心素质、健全的自我意识、适度的情绪控制、人际交往能力和耐挫力。

（一）大学生就业过程中应该克服的不健康心理

毕业生心理障碍主要表现为：自卑、焦虑、自负、冷漠等。心理障碍的产生往往是心理压力和心理承受力相互作用的结果。

1. 自卑心理

就业中的自卑心理常表现为：缺乏正确的自我认识，自惭形秽，自信心、自尊心常与怯懦、依赖交织在一起。自卑是一种消极的心理现象，是就业成功的大敌。它使一些人悲观、抑郁、孤僻、不思进取，认为无法赶上别人或适应对方的要求，甚至不敢面对竞争，疑神疑鬼，总是担心别人发现自己的缺点与不足，稍遇挫折，就一蹶不振。过度自卑，会产生精神不振、消极厌世、沮丧、失望、孤寂、脆弱等心理现象。因此，战胜自卑，不但是毕业生就业中也是整个人生中积极进取乃至走向成功的重要环节。

2. 焦虑心理

焦虑是由心理冲突或挫折引起的，是一种复杂的情绪反应，主要表现为恐惧、不安、忧虑以及某些生理反应。轻度的焦虑，人皆有之，是正常的；适度的焦虑，使人产生一种压力感，迫使人积极努力；而过度的焦虑，则会影响人的正常活动，容易引发较严重的心理障碍或疾病。

3. 自负心理

自负心理是缺乏客观的自我分析和自我评价的表现。一部分人自认为高人一等，认为自己掌握了很多知识，各方面条件都不错，不会没有好的归宿，甚至认为哪个单位录用自己还是这个单位的荣幸。当然，也有人认为，现实没有给自己提供用武之地，从而好高骛远，对单位和职业心生不满。这样，势必以幻想代替现实，使自己的就业目标和现实之间产生巨大反差，一旦失败，情绪一落千丈，滋生孤独、失落、烦躁、抑郁等心理。

4. 冷漠心理

毕业生在就业中因受挫而感到无能为力，会失去信心、不思进取、情绪低落、情感淡漠、沮丧失落、意志麻木。甚至表现为心灰意冷、听天由命，不再考虑求职问题，逃避现实、缺乏斗志。

（二）大学生职业心理的自我调适

对于即将毕业或刚毕业的大学生而言，由于学校环境与社会环境存在巨大差异，心理难免会出现这样或那样的问题，只有在自身实际情况的基础上进行积极调适才能适应社会环境所需。毕业生通过对自我和现实进行客观分析，以积极而有效的心态来排除心理问题，最终实现择业或就业目的。具体来说，可以从以下几个方面努力。

（1）培养职业兴趣，自我调整不良情绪。职业兴趣是大学生职业选择的动力。先就业后择业，在一定程度上影响大学生的就业情绪，这就要求大学生要学会在已选择的职业岗位上培养兴趣，以缓解不良情绪。

（2）学会自我欣赏与自我悦纳，提高耐挫力。俗话说，"天生我材必有用""失败是成功之母"。大学生在求职择业过程中遭受挫折在所难免，但是要正确对待挫折和失败，要敢于竞争，不怕失败。

（3）建立良好的人际关系，保持健康心理。大学生求职过程中因受挫而产生不良情绪，其最简单的方法就是适度宣泄。良好的人际关系有利于师生之间、同学之间、朋友之间倾诉衷肠，分解忧愁、苦闷，使人情绪开朗，增强心理健康。

影响就业的因素很多，但是毕业生求职时的心理状况是其中重要的因素，尤其在经济迅猛发展，就业竞争日益激烈的今天，常见心理误区更是正常就业的大敌。

1. 期望过高

有些大学生对社会缺乏深刻的认识，不能正确地评价自己与周围条件，因此对就业单位、就业职位、就业环境、工作报酬等期望过高。目前，众多毕业生把求职目标放在大城市和党政机关、大中院校上，没有人愿意去基层，这就造成了供求关系的矛盾，导致就业困难。而且在期望受挫时或激愤、或悲观，人往往处于偏激状态。其实，多参加社会活动，提高自我评价能力，是应对期望过高心理的有效方法。

2. 依赖心理

依赖心理是现代大学生的特点。目前的大学生独生子女居多，除了学习之外基本没有独立的社会活动，因此，缺乏必要的独立性与开创性，依赖心理严重。其依赖性在就业上表现得十分明显，往往依赖于父母或别人为自己找工作，甚至面试也由父母陪同。

现在的毕业生中，独生子女所占的比例越来越大，他们的生活一帆风顺，没有经历过什么挫折，再加上父母的过分呵护，客观上也助长了他们的依赖心理。这些毕业生大多缺乏主见，自我意识模糊，在择业中常常茫然不知所措，自己独立作择业决策的能力差，以至于在人才市场上，父母代替子女，亲友代替本人与用人单位洽谈的场面屡见不鲜。有些用人单位对依赖性过强的毕业生说："你本人都要靠别人来推销，企业还能靠你来推销产品吗？" ❶

学生气太重是一些大学生的"通病"。切记，步入社会后就要学会独立自主，凡事依靠父母的学生，很难获得用人单位的信任。

3. 急功近利

毕业生求职只从眼前的得失出发，看一时的待遇高低，几乎不考虑社会需求、自己的专业特点和事业的发展前景，一味追寻环境舒适、收入丰厚、所谓"高人一等"的热门专业，这势必导致荒废专业进而荒废青春。而且，求职一旦失败，毕业生就会丧失信心，感叹命运不佳。

4. 盲目跟风

传统观念中，人们普遍认为经济发达的地区，尤其沿海和中心城市待遇高、条件好，是就业的天堂，所以很多毕业生盲目跟风，涌入这些地方。这就造成毕业生拥堵现象，不利于求职者最大限度地发挥自己的专长。

把事情理想化，追求高薪资是毕业生择业的盲点。自己的目标才是第一位的，不要盲目跟风。

毕业生还是要以提高自身素质为前提，不要盲目追求眼前利益，职业理想也需要有能力来实现。

---

❶ 梁颖，苏一丹，丁宇. 构建有利于创新人才培养的实践育人体系［J］. 中国高等教育，2012（5）：23.

5. 缺乏诚信意识

很多毕业生法律意识淡薄，缺乏诚信意识，错误理解"双向选择"的内涵，将"双向选择"理解为自由选择，无视就业协议的制约性，随意毁约，见异思迁，朝秦暮楚。这种现象已经引起用人单位强烈不满，也影响了一些学校的信誉，有些地区甚至出现了用人单位集体拒绝某些院校毕业生的情况。

签约是一件非常严肃的事情，各方一经签字盖章即具法律效力，任何一方都有履行协议的责任和义务，不得随意变更协议。上述案例违背了诚信原则，知法违法，多头签约，且到处撒谎，逃避责任。这是一种极不道德的行为，既损害自己利益，又败坏学校名声。

五、创新精神强化就业能力

（一）一般就业能力与特殊就业能力

1. 一般就业能力

（1）一个人的态度、世界观、价值观、习惯、创新精神。

（2）与工作有关的一些能力，主要是指处理与周围人和工作环境的关系的能力，如怎样开展工作，如何与人相处等。

（3）自我管理能力，如决策能力、对现实的理解能力、对现实资源的利用能力，以及有关自我方面的一些知识，对学校所学课程与工作实际关系的理解能力。

2. 特殊就业能力

特殊就业能力是指某个职业所需的特殊技能，例如，会计必须具备较好的数学功底，护士需要掌握基本的护理技能，美术工作者必须具备色调感、浓度感、线条感和形象感等。

（二）提高就业能力的途径

1. 培养适应变化的能力

对于即将进入职场或身在职场的人而言，适应变化的能力尤为重要，这是因为在科学技术不断发展的今天，各行各业都面临着重大变革，新职业和新产业应运而生，只有适应这种变化才能符合岗位需求。新资源和新技术的产生，使得工具和管理水平必须进行全方位的改革与提升，这就要求更高的科学技术和操作技能，毕业生只有解放思想，打破传统，树立全新的职业观念，虚心接受新鲜事物，提高自身职业素养，才能适应职业要求。

职业环境的不断变化，使得职场上的人们要想适应和胜任，就要不断学习和变通。因为人与职业的关系不是机器与配件，个体存在很大的调整空间，也就是说，一个人可以适应多种职业，一个职业或职位也可以由不同的人来担任。一个人的职业不是一成不变的，无论是新兴职业还是传统职业，在时代变迁的过程中对胜任人员都会有全新的要求，如果一个人思维僵化，对于任何职业都会显得束手无策，只有培养适应变化的能力才能在职业生涯中游刃有余。

2. 培养竞争意识和创新观念

一个人要想社会生活或职场如鱼得水，竞争意识和创新观念必不可少。竞争意识是指在职场生涯中对自身生存权利的一种争取态度，参与竞争的人必然会因为竞争本身的存在而产生一定的压力，争取优胜态度使得人们在面对竞争的过程中，必须全力以赴，只有这样才能避免淘汰。在职场生涯中，竞争在一定程度上推动了工作的优化，也促进了个体间的相互学习，能有效提升个人的职业素质和能力。而创新观念就是在日常生活或工作中，敢于另辟蹊径，不会受旧有规则限制，能够在产品或专业领域开发出新的产品或道路。与安于现状相比，创新本身就是一种打破和不安分，这在职场生活中也是极为重要的。在职场上，一个人仅仅拥有专业和技术是远远不够的，还必须具有创新观念与创业精神，才能更好地实现就业和创业。因为，市场竞争激烈，电子信息技术革命，企业变革，个人工作不断变换，这一切迫切要求人们树立创新观念，具备创业能力。相关调查表明，具有一定文化知识甚至接受过职业技术教育的青年，仍然有一部分人待业或失业。这种现象产生的主要原因就在于缺乏创新观念与创业能力。

3. 重视能力补偿

在就业能力提升的众多途径中，能力补偿是重要途径之一。这是因为在职业适应过程中，人的能力是能否适应职业的决定因素，如果一个人所掌握的能力和专业与职业需求相匹配，相应的职业适应性就会增强，反之，如果一个人的能力和专业与职业需求不匹配，则职业适应能力就会不断减弱。但职业适应能力是可以通过后天学习所获得的补偿能力来不断增进的，进行针对性能力补偿，尽可能满足职业所需。

(三)提高就业能力的具体措施

提高就业能力的具体措施有：

（1）参加职业道德培训。

（2）参加职业资格证书考试培训。

（3）参加技术技能大赛培训等。

参加职业技能大赛，考取职业资格证书，是提高大学生就业能力的有效手段。职业技能大赛催生了无数技术尖兵；职业资格认证考试制度提升了大学生的就业能力。

第五章　新阶段高校应用型人才创业策略研究

创业，可以理解为一个人根据自己的性格、兴趣、所学专业、能力等选择适合自己的职业，并为这个职业的成功准备各种条件，最后实现自己人生目标的过程。大学生创业不同于一般学生所参加的专业竞赛或者科研项目，它是大学生改变就业观念，利用自己的知识、才能和技术，以自筹资金、技术入股、寻求合作等方式，创立新的就业岗位，不做现有岗位的竞争者，而是为自己、为社会上更多的人创造就业机会的过程。通过创业活动，大学生从知识和技能的拥有者变为社会财富的创造者。对此，大学生要想创业成功，必须具备相应的创业素质，了解相关的创业内容。

第一节　创业与创业精神

一、创业的概念

什么是创业？人们对此有许多不同的看法。管理学家认为创业是创业者成功地创立一个前所未有的企业或事业。从这个定义中，可以看出"创业"就是"创立"，分开来说，就是"创"企业和"立"企业。"创业"实质上是指两个阶段，一是新创企业的一个从无到有的过程；二是把企业发展壮大的一个从小到大、由弱到强的过程。也有人说，创业是创业者通过发现和识别商业机会，成立活动组织，利用各种资源，提供产品和服务，以创造价值的过程。

笔者将创业定义为：创业是指承担风险的创业者，通过寻找和把握商业机会，投入已有的技能和知识，配置相关资源，创建新企业，为消费者提供产品和服务，为个人和社会创造价值和财富的过程。这个概念包括以下几层含义。

（1）创业是一个创造的过程，创业者要付出辛勤的努力甚至沉重的代价。

（2）创业的本质在于商业机会的充分发掘和有效利用。

（3）创业的潜在价值需要通过市场来体现。

（4）创业以追求回报为目的。

二、创业精神

一个成功的创业者，应该是具有一定企业家禀赋的创业创新先锋。其中，创业精神是企业家最具活力的创业创新力量源泉。

哈佛大学商学院对创业精神的定义是："创业精神就是一个人不以当前有限的资源为基础而追求商机的精神。"从这个角度来讲，创业精神代表一种突破资源限制，通过创新来创造机会、创造资源的行为，而不是简单地体现在创造新企业或体现在创新上。因此，创业精神可以简单地概括为："没有资源创造资源，没有条件创造条件，用有限资源去创造更大资源。"

创业精神是创业的核心与灵魂。创业精神在心理层面是一种思维方式，其基础是创新，在行为层面是发现和把握机会，并且创造价值的过程。

创业精神的载体是人，最具创业精神的人应该是创业者（企业家），创业者（企业家）与创业精神往往密不可分。我们从对企业家的角色轨迹研究可以看出，企业家所承担的角色，从投机、套利、冒风险到创新，是一个不断发展和丰富的过程。因而，创业精神不单单是投机与冒风险，更重要的是把握机会和不断创新，通过企业家的创业和创新活动，推动社会和经济可持续发展。

每个人都具有一定的创业原始精神，有效挖掘和培养这种精神，在全社会营造一种创业创新氛围，是社会进步、经济发展的重要标志。

第二节 自主创业的条件

一、自主创业的个人条件

时代呼唤创业者，环境造就创业者。创业者处于飞速发展的时代和纷繁复杂的环境下，必须具备特定的素质。具体地说，创业者要具有心理素质、决断素质、知识水平和管理素质以及学习和反思素质。

(一)创业者的心理素质

1. 独立性与合作性

独立性与合作性是相反相成的两种心理品质。独立性是指思维和行为很少受外界和他人的影响，能够独立思考、判断、选择行动的心理品质。而合作性是指能设身处地为他人着想，善于理解对方、体谅对方，合作共事的心理品质。它们相互作用、相互制约，在创业实践活动中发挥重要的调节作用。

成功的创业者大多是出色的社会活动家，他们善于与各种人打交道，积极主动地与人交往、交流、合作、互助。通过交流，获取各方面信息；通过合作，取人之长，补己之短。我们常常强调创业者的社会交往能力，它的潜质就在于个性的合作性。每一个创业者都有自己的个性特点，他们既不依赖他人，不听命于他人的安排，又与他人密切配合，这就是独立性与合作性集于一身的充分体现。

2. 敢为性与克制性

敢为性是指有果断的魄力，敢于行动、敢冒风险并敢于承担行为后果的心理品质。克制性是指能自觉地调节和控制自己的情绪和感情、约束自己的行为、克服冲动的心理品质。敢为性与克制性是另一组相反相成的心理品质，在创业活动中相互作用、相互制约，起重要的调节作用。

通常而言，只要是创业活动，必然会伴随着某种风险，而且创业的范围和规模越大，能够取得的成就越大，伴随的风险也越大，承受风险的心理负担就越大。对于创业者来说，假如缺乏"敢吃螃蟹"的冒险精神，是很难取得创业成功的。

创业需要敢作敢为，但是敢作敢为并不是盲目冲动，更不是任意妄为或胡作非为。敢作敢为是建立在对主客观条件进行科学分析的基础上的，是建立在实事求是的基础上的。

创业者在创业的过程中要善于克制，防止冲动，积极有效地控制和调节情感和情绪，使创业活动始终在正确的轨道上运行，不会因一时的冲动而做出缺乏理智的行为。当个人利益与法律和社会公德相冲突时，应当克制个人欲望，约束自己的行为。

3. 坚忍性与适应性

坚忍性与适应性是一组相辅相成的心理品质。坚忍性是指为达到某一目的，坚持不懈、不屈不挠并能够承担挫折和失败的心理品质。适应性是指能及时适应外界环境和条件的变化，灵活地进行自我调整、自我转换的心理品质。二者相互影响、相互作用，在创业实践活动中发挥重要的调节作用。

创业过程不是一帆风顺的，不经历克服困难、战胜逆境的艰苦奋斗，就不可能取得创业的成功。迎着困难和逆境而上的决心和韧劲是取得创业成功的关键。同时，创业过程是一个长期坚持、努力奋斗的过程，立竿见影、迅速见效几乎不可能。创业者在确定方向和目标之后，就应朝着既定的目标一步一个脚印地走下去，纵有千难万险，也不轻易改变初衷、半途而废。

（二）创业者的决断素质

对于创业者而言，创业的第一步就是创业方向的论证，在进行深入考察的基础上作出相应的战略决策。通过对创业环境进行分析，在错综复杂的文化需求中找到差异需求，并与传统需求相联系，最终制定相应的创业方案。虽然没有完美的创业方案，但这是创业者战略性眼光和决断素质的具体体现。

21世纪，新事物和新技术层出不穷，创业环境变幻无常，创业者只有把握社会发展规律，洞悉市场需求变化，在政策法规的指导下充分分析社会需求的主次矛盾，进而对效益和风险进行深入评估，才能使创业方案趋于完善，使决策更具实操性。对于创业者，尤其是大学生创业者而言，错误的决策必将导致创业失败，而创业机会往往稍纵即逝，所以慎重的评估和果断的决策是创业者必备的素质。

（三）创业者的知识水平和管理素质

1. 创业者知识水平

知识经济时代，创业者需要具有复合型的知识结构，即知识的广博性和知识的专业性。

（1）人文知识。人文知识十分广泛，包括哲学、历史、文学、社会、政治、艺术等内容。创业者掌握人文知识有利于开阔视野、活跃思维、激发创新灵感，并能够升华人格、提高境界、振奋精神。掌握人文知识还是学会做人的关键。只有学会做人，才能学会做事，学会经商。这就是所谓的"商道即人道"。

（2）经济知识。任何一种创业活动都离不开市场，经济利益和价值增值都要借助市场才能实现。创业者要想在创业中取得成功，必须学习必要的市场经济知识。要对商品生产、商品流通、价值规律、市场调节和市场运行机制等有所掌握，从而在市场竞争中占有一席之地。

（3）管理知识。在创业过程中，经营管理水平高低决定创业的成败。创业者只有对劳动人事管理、资金财务管理、生产管理、物资管理、财务管理和营销管理等进行系统学习，才能改进管理方法，积累管理经验，不断提高管理水平，获得管理效益。

（4）法律知识。创业者在创业过程中难免会遇到这样或那样的纠纷，也会遇到各种各样的法律问题。在法制社会，了解基本的法律知识，对于顺利开展创业活动是大有裨益的。现在的大学生不缺乏法律意识和观念，但是对具体的法律知识知之甚少。因此，创业者要对工商注册登记、经济合同、税务、劳动等方面的知识有所了解，以免盲目经营。

（5）专业知识。专业知识是学生创业的起点，在创业知识结构中处于核心地位。对于从事科技创业的大学生来说，专业知识和才能是创业之源。如果没有丰富的专业知识作为基础，很多创业项目就成了"无源之水，无本之木"。只有掌握专业知识，才能把握技术研发的内容、进程和关键环节，形成企业的核心竞争力，从而在商战中占据主动地位。近年来，一些大学生创业者之所以失败，根本原因就在于专业知识掌握不牢固，企业没有核心技术作为支撑。

2. 创业者管理素质

管理素质既包括战略决断素质，又包括日常管理素质。战略决断素质上文已有论述，这里仅论述日常管理素质。日常管理素质主要包括以下内容。

（1）协调能力。协调能力能够化解创业团队与竞争者之间、创业团队与客户之间的矛盾，使创业团队树立良好的形象，提高创业团队的可信度，为合作打好基础。协调能力还可以融洽相关主体间的感情，增加合作的愿望和机会。良好的协调能力有利于信息的沟通，对于加强相互理解和利益共享大有好处。协调能力体现在团队内部就是如何促使团队积极、高效地开展工作。总之，协调能力一方面能够使团队成员之间关系融洽、相互支持；另一方面能够使整个团队工作有序、配合协调，工作效率达到最大化。

（2）应变能力。应变能力是指创业者在面对纷繁多变的客观环境时的反应能力，以及对处于变化中的事物的把握能力。由于创业环境始终处于动态变化中，这就使得创业过程中的经营策略和经营模式要根据环境的不同变化作出相应调整。因此，对于创业者而言，要把握形势变化趋势，并从中分析和选择对企业经营有利的信息，抓住主要矛盾，关注事态的发展和流程。创业者只有根据环境变化及时作出调整和转变，并采取合理的应对措施，才能在纷繁多变的环境中趋利避害、扬长避短、主动出击，最终获得创业的成功。

（3）判断能力。判断是管理和决策的基础。面对复杂多变的环境，创业者如果没有判断能力就不可能形成认识。判断能力首先是把握事物发展主流所必需的能力，判断能力又是风险运作的基础。在创业过程中，收益和风险并存，不同的创业者对风险有不同的偏好。但是，创业者无论对风险持怎样的态度，都需要对收益和风险作出判断，没有判断的风险运作是盲目的，注定会失败。

（四）创业者的学习和反思素质

在知识经济时代，专业知识发展迅猛，管理知识日新月异，不学习注定会被市场淘汰。因此，创业者必须树立"活到老学到老"、终身学习的观念，不断学习，以获得创业的成功。创业者只有具备在学习过程中掌握获取新知识、拓展新领域的能力，才能以最快的速度适应新的技术和环境。新知识的吸收和新经验的积累都是宝贵的财富，但是单纯量的积累只是提高的第一步，创业者只有善于反思和总结，在理论上进行升华，才能将知识和经验积累转变成自己真正的水平和能力。

二、有效筹措资金是自主创业的前提

资金是创业之初的一个重要条件，从某种意义来说，它是决定因素。一般来说，创业之初的资金来源包括：家庭收入、亲朋好友借贷、银行贷款、集资、争取财团支持等。为争取这些资金，创业者不妨从以下方面入手。

（1）争取最亲近的人的支持。一般来说，获得最亲近的人的资金支持是比较容易的。但有时也有例外，由于亲人对创业者的将来考虑得要多一些，因此容易出现顾虑太多而不支持创业者的情况，这就要求创业者拿出足够的证据，证明自己的创业选择是对的、是有前途的。

（2）争取银行贷款。初创企业在银行的信用等级较低，这就要求创业者在贷款之前，必须先说服有关方面愿意为自己做担保。

（3）争取财团支持。除上述两条途径外，争取财团支持也是筹措资金的一条有效途径。一方面，大财团资金雄厚，可以有效满足创业者的资金需求；另一方面，有大财团的支持，创业者可以充分利用其社会效应，有利于为创业者的创业行为保驾护航。

此外，自主创业资金不足，可向社区居委会提出贷款申请，社区在收到贷款申请和有关资料后，经过审查，会签署是否同意推荐的意见，并将结果告知申请人。申请人在社区（农村居委会）签署推荐意见后，向当地劳动就业服务中心（农村信用村、信用户）申请。劳动就业服务管理中心（农村居委会、信用村、信用户）对申请人的申请和有关资料进行审查，在规定期限内给予申请人正式答复。担保机构（担保群体）自接到贷款申请及符合条件的资料之日起，在规定期限内给予申请人明确答复，同意担保的，书面通知申请人；因申请人不符合担保条件而不能提供担保的，应向申请人说明理由，提出改进建议。金融部门接到同意担保通知及符合条件资料后，由信贷人员对申请人和相应资料进行审核，在规定期限内给予申请人明确答复。金融部门在接到担保机构书面通知后，在规定期限内为申请人办理放贷手续。

三、创业机会的识别与把握

（一）识别创业机会

1. 现有市场机会和潜在市场机会

现有市场机会是指人们能明确感知到的、尚未被满足的市场需求；而潜在市场机会是指潜藏在需求背后的、人们不易察觉的、尚未被满足的市场需求。对于市场机会而言，由于现有市场机会是可以被明确感知的，人们的需求和渴求是比较容易被发现的，因此进入这一创业行列的人比较轻松，但同时意味着创业竞争压力势必很大。而那些隐藏在需求背后的，需要通过挖掘而未被满足的需求，通常具有较大的识别难度，这就需要创业者具备敏锐的目光和较大的创业魄力，通过挖掘满足消费者的日常所需。例如，金融机构推出的金融产品很多都是针对专业性的投资大户，而对于普通民众而言，他们虽然具有不可小觑的资金量，但由于没有受到重视,常常产生一种想投资但找不到门路的感觉,这就为大学生创业者提供了创业方向。

2. 目前市场机会与未来市场机会

目前市场机会是指在当前社会环境中已经出现的市场机会;而未来市场机会是指通过研究与预测,未来某一时期即将出现的市场机会。对于创业者而言,目前市场机会已经处于白热化,一旦预测某种商机就可以提前做好准备,为即将到来的市场和需求提供帮助。

3. 全面市场机会与局部市场机会

全面市场机会是指广泛性的需求,如全国性或国际性,这种市场机会具有一定的广度和宽度;而局部市场机会是指针对局部范围或对市场进行细分后的需求满足。对于人们而言,有些需求是普遍意义上的,有些需求是个体意义上的,因此创业者可以通过全面市场寻求局部市场机会,通过探寻消费者的具体需求寻找个性化目标市场,集中优势生产来满足个体特殊需求的商品,在发挥主动性的同时有效降低创业盲目性,大大提高创业成功的概率。

(二)把握创业机会

创业者不仅要善于发现机会,而且要正确把握并果敢行动,将机会变成现实的结果。

1. 着眼于问题把握机会

创业机会并不是毫无代价的,它首先需要创业者具备解决问题的能力,因为任何一个产业或行业都是以解决问题为目标而存在。消费者只有在问题没有得到解决的过程中才会产生需求,而需求就是创业机会。

2. 利用变化把握机会

社会不断发展,使得变化无处不在,如何利用这些变化对于创业者而言尤为重要。始终处于变化中的市场环境,无论是调整升级还是转型优化,甚至是政策层面的变化都能衍生无限商机。创业者只有通过变化发现机会、把握机会,才能在我国多元发展的浪潮中挖掘出新的创业机会。

3. 捕捉政策变化把握机会

我国市场变化受政策影响很大,这是因为社会始终处于变革中,政策起重要的引导作用。通过出台新政策来引导行业产业发展,往往会激发更多商机。创业者只有对国家新发布的政策进行深入研究和利用，才能成为创业浪潮中的弄潮儿。例如，我国近年来频繁推出的新能源产业政策，由此催生涉及人们生活方方面面的新事物。其中一个典型代表就是新能源汽车，由此产生的新兴行业包括新能源停车场的投资建设。日益增多的停车场使得配套设施的加工和销售成为新兴行业，包括门禁考勤系统、停车场系统等。这就意味着在政策中寻找商机并不仅仅指条文规定的那些内容，还要对更深层面和更细层面进行分析，通过政策解读和对产业上下游进行延伸，可以寻找适合创业的商机。

4. 弥补对手缺陷把握机会

有些创业者会因为对手在创业过程中产生失误而获得创业成功。也就是说，在创业过程中，将竞争对手的经营策略纳入经营手段也是需要考虑的重要因素，通过弥补竞争对手的策略漏洞，通过快、准、狠的经营手段，比竞争对手更好地为消费者提供服务，以寻找企业的发展机会。基于此，创业者在创业过程中，还要对竞争对手的产品和服务有所了解，并找出其中的缺点，通过改进形成新的产品，从而在市场竞争中站稳脚跟，获得创业的成功。

第三节 寻找和评估商业机会

如今，虽然创业市场商机无限，但对于资金、能力、经验都有限的大学生创业者来说，并非"遍地黄金"。这种情况下，大学生创业者要充分考虑自己的专业特点、自身状况、社会变化等因素，选择创业方向、确定创业项目，在此基础上开创一片真正属于自己的新天地。

这就要求大学生创业者必须对市场有一定了解。因为一个好创意，在市场上并不一定有价值，市场上有价值的东西，并不一定很难做，关键是怎样把市场需求和自己要做的产品结合起来。选择既适合自己又符合市场需求的创业项目，这是大学生创业者必须过的第一关。

一、选择创业方向

大学生思维活跃、充满活力、接受新鲜事物快，加上政府扶持、财政贷款、学校培训……这只是大学生创业成功的一个基础条件。大学生在校期间虽然学习了一定的专业知识，但由于大学生的商业意识较薄弱、社会经验不足、企业管理能力较低、财务及营销等知识欠缺，因此，大学生在选择创业方向时应扬长避短，寻找适合自己的发展道路。

（一）从社会变化中选择创业方向

改革开放以来，我国发生了日新月异的变化，人们进入了繁花似锦的崭新时代，随之而来的就是生活方式及价值观等方面的变化。但也意味着创业机遇越来越多。

大学生创业者要能够从这些变化中找到商机。例如，目前我国人口结构正在发生巨大变化，很多城市逐渐多元化，朝着国际化方向发展，与此同时，越来越多的外国人涌入我国各大城市，并希望融入城市生活，他们对于学习汉语的要求极为迫切，但目前学习汉语的场所相对较少，大学生可以通过教授汉语的方式进行创业，这样既可以拓展人脉资源，也可以获得更多的市场信息，提高创业成功的概率。

（二）从特殊需要中选择创业方向

社会的深入发展以及人们日常生活水平的不断提高，使得基本需求已经得到满足，相应的市场也已饱和。创业者要想在需求层面寻找商机，就只能将目光转向特殊人群的特殊需求，只有商品具备一定的差异性，才能找准目标客户，寻求商机。

对于整个社会人群而言，不同的阶层所对应的需求各不相同。例如，如果是双职工家庭，照顾孩子、老人就是商机，相应的家务助理公司就符合市场需求。这样的公司在帮助家庭照顾孩子、老人的同时，也能顺利地解决双职工家庭的后顾之忧。

随着空巢老人数量的增加，越来越多的老人情感孤独需求日益凸显，创业者可以创办情感家政，陪他们聊聊天，排忧解难。

目前，我国大多数学生面临着极大的学习压力，他们的心理问题需要得到及时解决。与此同时，职场压力也让越来越多的职场人士患上了心理疾病，这时关注职场人士的心理健康，心理咨询师就成为极佳的创业领域。除此之外，社会服务部门及企业等相关部门对此类人才的需求也较大。这可以成为大学生创业的主要领域。例如，创立专门服务职场人士的心理治愈类企业，如成人游乐场或成人智力玩具开发等。

（三）从专业中选择创业方向

大学生创业最好能与自己所学的专业相挂钩，因为所学专业往往是自己最擅长的领域，正所谓不熟不做，大学生完全可以通过自己所学的专业知识来创业。

例如，很多人认为林业专业毕业生可能会从事与专业完全不符的工作，实际上，某大学生通过自己的专业创业，并取得了出人意料的效果。该大学生通过自己所学的林业知识，承包了一个苗圃，扦插、嫁接，甚至用上了组织工程，大规模种植，专门进行日本红枫、美国红枫、黑橡胶树等进口彩色树的引种，而彩色树在园林绿化中起着"画龙点睛"的作用，不仅城市公园、大片绿地需要，住宅小区的绿化也不可或缺，甚至私家庭院对彩色树也梦寐以求。彩色树需求量日益增长，价格不断攀升，效益惊人。

（四）在传统产业中创新

商机并不只限于互联网、金融等新兴产业，近年来，许多新兴产业精英开始在传统产业中开疆辟土，他们离开互联网、金融、咨询等领域，纷纷涌入农业、服装业等产业。大学生同样可以在传统产业中创新，挖掘财富。

二、选择创业项目

相关网站对创业者的调查结果显示：98%的创业失败是因为没有选择合适的项目；80%的创业者在创业前期都感到确定创业项目"十分头疼""很难抉择"。在创业失败的案例中，有60%的创业者觉得"创业项目不对头"或"创业项目选择失误"；而在创业成功的案例中，70%的创业者认为"良好的创业项目成就事业"。由此看来，创业成功与否，创业项目的选择十分重要。

（一）选择创业项目的原则

1. 知己知彼原则

所谓知己知彼，就是指在对自身条件和资源充分了解和掌握的前提下，还要了解同行业或领域中竞争对手的特点。知己，对于大学生创业者而言，就是要充分了解自身条件，创业资金，自身所具备的经验和技能，自身所具备的兴趣和爱好，以及自己所建立的人际关系等，与此同时，自己的优缺点和家庭成员是否支持也是创业的决定因素。对自己的了解越深入、越透彻，在寻找创业项目的过程中就越能做到扬长避短，自然也能尽最大努力避免因自身原因导致的创业失败。知彼，则不仅仅局限于本专业和本行业以及竞争对手，还包括行业所处的社会经济环境相应的发展政策和当地居民消费水平；创业所在地的自然和人文资源也是不可缺少的调查方向，通过对当地的人文景观和独特环境进行调查，可以有针对性地调整创业方向。此外，市场竞争强度也是选择创业项目时的一个重点考察因素，通过对竞争者的规模和实力进行了解和研究，做到避其锋芒，才能使创业进程平稳发展。对创业环境进行深入考察，不仅能有效拓宽视野，还能敏锐捕捉市场机会，因此创业者选择创业项目时必须遵循知己知彼原则。

2. 自有资源优先原则

在对创业环境进行深入考察之后，创业者可以从中选择资源予以开发和利用。资源选择中的优先原则是首选自有资源，也就是大学生创业者自身拥有或可以控制的相关资源，包括技术经验、人际关系网及物质资产等。这是因为与其他非自有资源相比，自有资源无论是获得还是使用的成本都低，而且在利用过程中更加得心应手，稍加创新就能在市场竞争中占据优势。我国许多老字号品牌如"北京烤鸭""山西老陈醋"，之所以能够屹立百年而不衰，与这些品牌商家在创业之开发并有效利用自己的专有技术有密切关系。

3. 市场第一原则

市场经济体制下，企业的一切经济活动都要围绕市场进行，创业不但要乘"需"而入，还要尽量做到经久不衰。产品的市场支持力、市场容量及自身接受能力对大学生创业者来说至关重要，所以大学生创业者要通过市场调查和预测考察所选项目是否符合目标地域及目标群体的现实消费和潜在消费状况，以及自己所选项目是否可以顺利进入市场等，并判断所选项目是否具有广阔的市场前景。

4. 短平快原则

在创业之初，很多大学生创业者都会面临资金匮乏、客户短缺等情况，这也被称为初始危险期，只有尽快摆脱这一状态，才能使企业处于良性运转状态。这也意味着大学生在创业过程中，要想尽快赚到第一桶金，通常会选择那些短平快项目，因为操作简单，资金回笼速度快，可以有效降低投资创业的风险，与此同时，即便在项目实施中没有获得很好的成长，但能保持经营，甚至找准时机退出市场，也可以利用已经赚到的第一桶金寻找新的项目和创业点。

5. 顺势而为原则

产业政策深刻影响甚至决定一个产业的发展格局，国家和地方都出台了不少鼓励创业的产业政策。例如，国家为了大力扶持高科技产业、文化产业，给予了诸多优惠政策。创业者如果顺势而为，选择一个符合国家政策导向的产业，创业成功的概率将大大提高。

（二）大学生创业成功率较高的项目

目前，大学生创业成功率较高的项目主要集中在以下几个领域。

1. 智力服务领域

与普通创业者相比，大学生的创业条件更具优势，他们在拥有专业知识和专业技能的同时还拥有极高的智力条件。这就意味着与一些注重体力或服务的专业领域相比，大学生在智力领域的创业更加适配。因此我们可以看到很多大学生投入家庭教育创业领域，一方面勤工俭学积累经验，另一方面是对自身教育资源的一种充分利用，在积累人脉的同时也能赚得第一桶金，当然，更重要的一点是这样的创业项目几乎不需要创业成本。对于大学生而言，通过利用智力进行创业或服务的项目有家教服务中心、成人考试补习、会议礼仪服务、速记训练、经营设计工作室、翻译事务所等。

2. 加盟连锁领域

人们常常将大学称为"象牙塔"，而刚毕业的大学生由于缺乏社会经验，在创业过程中，难免会遇到各种各样的创业风险和创业难题。在相同的经营或创业领域，加盟创业的成功率明显更高，这是因为选择加盟创业本身已经拥有了一定的创业资源，通过借助品牌已经成熟的营销设备等优势，无论是投入还是门槛都相对较低，更适合自主创业。但这并不是说连锁加盟就是万无一失，毫无风险，因此大学生在选择加盟创业时应该认真考察，从小本经营开始，最好选择经营时间较长且信誉度较好的成熟品牌。

3. 代理

从代理起家、从销售入手相对比较简单，投入也会小一些，能达到降低创业风险、快速积累第一桶金的目的。常见的专项代理业务有专利申请代理、技术产权代理、各类注册代理（如商标注册、域名注册）等。许多公司或团体都有需要注册的对象，但缺少相关知识，对注册的条件、范围和流程并不清楚，因而大学生创业者可以选择此类项目创业。

第四节　创业计划书的撰写

创业不是仅凭热情和梦想就能支撑起来的，在创业前期制订一个切实可行的创业计划，对整个创业过程不仅是必要的，而且是非常重要的。首先应确定经营模式，通过调查和翻阅资料来确定项目经营模式，以及把控创业过程中资金的流入与流出等。创业者在撰写创业计划书的过程中，应将总体目标分成不同阶段需要完成的小目标，并详细分析每一阶段目标的完成情况。

一、创业计划书

（一）什么是创业计划书

从广义来看，创业计划书就是创业者计划创立的业务的书面概要。从狭义来看，创业计划书是就某一项有市场前景的产品或服务向风险投资家游说以取得风险投资的商业可行性报告。

对创业者而言，创业计划书并非一份合同、一份协议或一份预算，而是一份将创意转化为创业企业的可行性创业报告。

（二）创业计划书的作用

首先，创业计划书是对未来创立企业的系统规划。撰写创业计划书的过程也是创业者厘清自己创业思路的过程。创业者要把创业过程中可能遇到的资金问题、行业问题、团队问题、管理问题、产品问题、销售问题等，必须事先有一个系统的规划。

其次，创业计划书是一份内部文件，它能帮助初创企业明确目标和商业模式,也能使读者坚信商业创意有价值,并相信旨在开发创业而创立的企业有广阔的前景。如果准备充分,创业计划书还可以在企业初创时充当指引管理团队和员工行为的重要路线图。

最后,创业计划书是自我推销文书,它为初创企业提供了一种向潜在投资者、供应商、商业伙伴和关键职位应聘者展示自身机制的机会。这种机制清晰地展现了初创企业如何通过各部分的有机匹配来塑造实现其使命和目标的组织能力。

(三)创业计划书的类型

一般来讲,按照创业计划书的篇幅长短和精细程度,创业计划书可分为简略创业计划书、详尽创业计划书和企业运营计划书之类。

(1)简略创业计划书。简略创业计划书一般为 10～15 页,非常适合处于发展早期还不准备写详尽创业计划书的企业。简略创业计划书的撰写者可能正在寻找资金,以便为撰写详尽创业计划书进行必要的分析和参考。值得注意的是,那些正考虑创办新企业却不愿花时间撰写详尽创业计划书的创业者也会使用简略创业计划书。

(2)详尽创业计划书。详尽创业计划书一般为 25～35 页。详尽创业计划书比简略创业计划书更详细,用来清楚说明企业经营与计划,通常为投资者审阅而准备。详尽创业计划书并非内容越多越好,而是越精练准确越好。

(3)企业运营计划书。有些已建企业会撰写企业运营计划书,它主要面向企业内部读者,是企业经营的蓝图。企业运营计划书一般为 40～100 页,其最大的特点在于涵盖大量细节信息。对于初创企业而言,设计良好的企业运营计划书能为管理者提供运营指导。

二、创业计划书的内容

(一)创业计划书的框架结构

目前,创业计划书的框架结构多种多样,不同企业的创业计划书也不尽相同。创业者需要根据业务性质自行决定创业计划书中应该包含哪些具体内容。详尽创业计划书的框架结构如表 5-1 所示。大多数创业计划书不会完全包含表 5-1 中所列的内容,在此笔者尽量完整地介绍创业计划书写作纲要。

表5-1　详尽创业计划书的框架结构

项目	涉及主要内容
1. 执行概要	A. 机会：尚待解决的问题或未满足的要求 B. 企业概述：企业如何解决这些问题或满足这些要求 C. 竞争优势：商业模式描述 D. 目标市场：具体客户群描述 E. 管理团队：组成及优势 F. 财务预测：资金需要、使用及收益描述 G. 企业需求描述：如果计划面向潜在投资者，必须阐明需要的资本数额及其使用方案 H. 投资者退出策略（如果计划面向投资者）
2. 企业描述	A. 企业背景或简史 B. 企业使命和目标 C. 商业模式描述：企业如何塑造持续竞争优势 D. 现状与需求：企业现状描述、发展需求描述 E. 资本结构/股东名单 F. 组织结构和法人结构
3. 产品/服务	A. 产品/服务描述：产品或服务的用途、优缺点 B. 产品可行性分析：概念测试、可用性测试、产品战略 C. 知识产权：申请或已批准的专利、商标和版权 D. 消费者利益：消费者将从公司的产品/服务中如何受益
4. 市场分析	A. 产业描述：产业趋势、规模、吸引力及盈利潜力 B. 目标市场：规模、区域聚焦、发展潜力、消费者概况 C. 市场开拓战略：如何发现潜在市场、如何打进潜在市场
5. 竞争分析	A. 现有竞争者 B. 替换产品/服务 C. SWOT（优势/弱势/机会/威胁）分析 D. 竞争优势 E. 进入壁垒：技术/法规
6. 管理团队	A. 管理团队：经验、能力、技术特长 B. 董事会：数量及构成 C. 主要专业服务机构：法律公司、会计公司、企业咨询机构
7. 营销计划	A. 定价战略 B. 分销渠道 C. 促销和广告

续表

项目	涉及主要内容
8.运营计划	A.生产或服务的交付方式 B.合格劳动力的可得性 C.业务伙伴 D.质量控制 E.客户支持
9.财务分析	A.未来 3~5 年的资本需求：资金来源与用途 B.财务预测：预测的财务报表及产生过程 C.收益表 D.现金流预测 E.资产负债表
10.关键的风险因素	A.关键风险：管理、营销、经营、财务等风险及如何应对 B.回购和退出策略（如果面向潜在投资者）

（二）创业计划书的主要内容

1.执行概要

执行概要是整个创业计划书的"快照"，它列在创业计划书的最前面，浓缩了创业计划书的精华。执行概要涵盖计划的要点，以求一目了然，以便读者在最短的时间内评审创业计划并作出判断。如果一份创业计划书缺少概要部分，那么风险投资商很难选择这样的团队。

执行概要部分不仅包括市场机会描述、产品或理念简述和市场前景描述，还包括对其他内容的精练概括。执行概要尽量简明、生动，特别说明本企业与其他企业的不同之处以及企业获得成功的市场因素。

2.企业描述

在企业描述部分，创业者需要对新创企业的概况进行简要描述。首先，介绍企业的使命和文化。作为一个初创企业，企业使命和企业文化十分重要，创业者应坚持践行企业使命，下功夫创建企业文化。其次，介绍企业组织结构，包括高层管理者与团队成员之间的关系。对初创企业而言，最常见的问题就是没有界定权责关系，当两个或多个创业者地位相当时更容易出现这种失误。因此，企业计划书必须配有组织结构图，即企业内职权与责任如何分配的图形化描述，同时配以简要的文字来说明组织结构中的重要关系。最后，介绍企业的法律组织形式，它可以是个人独资、合伙制、有限责任制或其他组织形式。该部分还应该简要说明企业的现状及其发展方向。

3. 产品/服务

在进行投资项目评估时，投资者最关心的问题之一就是企业的产品、技术或服务能否以及能在多大程度上解决现实生活中的问题，或者企业的产品/服务能在多大程度上改善人们的生活质量和水平。同时，一个成功的产品或一项服务是整个创业计划得以实施乃至日后风险资本顺利撤出的关键。因此，产品或服务介绍是创业计划书中非常重要的一部分。

对于一个产品或一项服务，它的用途是锁定目标客户的前提。所以，创业者撰写创业计划书时，应该详细说明产品的用途，并且使用形象的语言，以便投资者能较详细地了解一些必需的内容。

另外，创业者在撰写产品或服务部分的内容时，最好能突出产品或服务的与众不同之处，如果有同类产品的资料，应该以某种方式进行对比，以充分地展示出产品或服务的优势，争取获得投资者的青睐，从而筹措更多的资金。因此，创业者应在创业计划书中对那些可能改变投资者和创业团队命运的内容尽可能详细，并突出重点。切记，不能刻意夸大其辞，迷惑投资者和消费者。

4. 市场分析

一个项目或产品，最终成功与否，主要裁决者是市场。谁都不会抗拒一个符合市场定位的产品，当然，谁也不会冒风险去选择市场排斥的产品。市场分析一般包括产业分析、市场划分、顾客锁定、市场容量及前景预测。

（1）产业分析。在开发商业机会之前，创业者必须进行产业分析，主要考虑的问题有：第一，产业的可接近性，即该产业值不值得初创企业进入？第二，该产业是否具有尚未充分满足需求的市场？第三，从整体上看，该产业是否存在定位空间，并且这种定位是否有助于改善目前产业中的消极因素？这对初创企业考虑公司层次以及产品或服务层次的定位大有裨益。

（2）市场划分。市场划分的目的在于让投资者从创业团队的视角去了解和体会一个他不太熟悉的市场。从更深一层含义上说，市场划分部分将直接体现一个团队对市场的理解程度及其经营理念。在划分市场方面，创业团队可以选择一些比较特殊的着眼点，根据市场总体在这些着眼点上呈现出的不同特征进行分类。

理想的分类，既可以帮助投资者快速地找到目标市场，还可以在一定程度上传递目标市场的重要信息。

（3）顾客锁定。在对市场有一定了解后，投资者往往会将目光放在目标市场上，即顾客锁定。目标市场的主体选择如何，直接关系一个企业的定位。无论该企业的定位偏高、偏低或不准，都会对其日后的经营产生巨大影响。

（4）市场容量及前景预测。市场容量及前景预测是提供财务数据的重要根据。市场容量是项目或产品直接目标市场和潜在市场的总和。这个数字提供了市场对某个产品的总的购买能力，将它和一些具有特定意义的比例数据相乘，可以得出许多重要的财务数据，不但可以推导出企业的固定销量，还可以用来制订近期规划。如果说市场容量预测是一个准静态的话，那么前景预测就是动态的。市场是一个无法终止的运动过程，没有任何一种情况是一成不变的。在这个环境下，投资者非常想了解投资的近况和较为远期的变化，是朝着有利的方面还是不利的方面，是短期的还是中长期的。

5.竞争分析

对一个初创企业来说，竞争是不可避免的，但过多的竞争会产生不必要的风险。如果竞争过于激烈，创业者就要选择一种不同的经营形式。创业者应该像了解消费者一样了解竞争者。创业者应该采取以下步骤了解竞争对手。

首先，确定竞争对手。列出各个直接竞争对手和间接竞争对手的名称、地址和业务类型。

其次，分析近年来成立和倒闭的企业。列出近年来成立和倒闭的企业，分析其成功与失败的原因。

再次，分析现存的企业。针对价格、产品（或服务）的质量、便捷性、广告、促销和销售等方面的内容，对竞争对手进行分析。分析销售情况较好的企业的业绩，确定业绩与其运作方式是否具有相关性。对这些企业的运作方式进行全面、具体分析，可以获得非常有价值的信息。

最后，将自己的运作计划与竞争者相比较，得出自己的产品（或服务）在价格、性能、质量、耐用性等方面较竞争者所具有的优势。在此基础上，提高自己的竞争优势，扩大市场份额。

6. 管理团队

在评价初创企业价值时，投资者想看到的关键内容是企业管理团队的优势。如果管理团队不合格，大多数投资者会直接放弃向其注资。本部分的材料应该包括对管理团队每个核心成员的简要介绍，包括他的从业或受雇经历、教育背景和主要成就等。如果管理者的简历中含有特别信息，应该在附录中详细说明。如果管理团队成员之间有过共事经历，那么就应该强调这些共事经历与工作相关的经历。本部分还应该列出与企业有密切合作的专业服务机构名单，包括法律公司、咨询公司和会计公司，并且说明这些专业机构是如何帮助企业达成预期目标的。

7. 营销计划

营销计划是企业经营中最富挑战性的环节，一份优秀的营销计划往往能成就一个企业。这部分是创业计划书的重中之重，尤其对于投资者来说至关重要，借此可以确定初创企业是否拥有人们愿意购买的产品以及企业将产品送达市场的现实计划。

影响营销计划的主要因素有：①消费者的特点；②产品的特性；③企业自身的状况；④市场环境方面的因素；⑤营销成本和营销效益因素。

营销计划应包括四项内容：①市场机构和营销渠道的选择；②营销队伍和管理；③促销计划和广告策略；④价格决策。对初创企业来说，由于产品和企业的知名度低，很难进入其他企业成熟稳定的销售渠道中，因此，企业不得不暂时制订高成本低效益的营销计划，如上门推销，加大广告宣传力度，向批发商和零售商让利，或交给任何愿意经销的企业销售。对企业来说，它既可以利用原来的销售渠道，也可以开发新的销售渠道以适应企业的发展。

8. 运营计划

本部分涉及企业的日常运营问题。首先，应描述初创企业打算如何生产自己的第一项产品，以及与之有关的现实可行性；其次，应描述企业需要多少存货来满足顾客需求。如果初创企业是一个服务性组织，也应该提供类似信息。本部分还应该解释企业的质量控制程序。无须详细阐述，但应该表明在制造过程中计划采用何种监控或独特程序以确保质量。

9. 财务分析

本部分须表明企业的财务生存能力。首先对企业未来 3～5 年的资金需求及其使用计划作出解释。有些创业计划书会提供企业所需资金的投入时间表，它能够阐明追加资金的投入需求（这正是投资者和银行家阅读创业计划书的原因），以及企业如果得到追加资金将如何实现进一步发展。

本部分须对企业进行财务预测，旨在进一步阐明企业的财务生存能力。财务预测包括 3～5 年的预计收益表、资产负债表和现金流量表。

值得注意的是，创业计划书应该建立在现实预测的基础上。投资者和银行家要求创业者对财务预测中的数据作出解释。如果预测未达到要求，甚至让投资者明显感觉到这些数据过于乐观且缺乏说服力，那么创业者的长期可信度就会遭到质疑。

创业计划书若提供给投资者，则应在财务预测后面对投资者所期望的回报率及他们将如何收回投资进行描述。风险投资公司往往要求在 3～5 年内收回投资；而私人投资、天使投资或机构投资者则对长期投资更感兴趣。

10. 关键的风险因素

虽然风险因素很多，企业必须根据实际情况来描述确实存在的关键风险。创业计划书应该给读者留下初创企业管理团队非常细心、已充分认识到企业面临的关键风险的良好印象。

初创企业可能面临的风险取决于其产业和特定的环境。环境始终在变化，因此风险不可避免。这意味着创业计划书必须面对未来的风险，而其对于风险的发生要有相应的分散策略，不能采取视而不见的态度，或者对消除风险毫无应对之法。

三、优秀的创业计划书的评价标准

（一）创意方案很难被复制

创意方案要有技术壁垒，或有关键的方法或步骤，竞争对手不容易在短期内模仿。

（二）产品或服务竞争优势明显

用户从这种产品或服务中获得了什么利益？与同类产品相比有哪些竞争优势？

（三）客户明确

产品或服务的真正客户是谁？潜在客户是哪部分人？

（四）市场容量和增长潜力大

市场容量并不是指目前的实际市场容量，而是指未来的市场容量。有时候，即使一项产品或服务的市场容量很大，但如果这个市场增长缓慢，甚至基本停滞，那么创业者成功的概率就会受影响。

（五）将产品或服务推向市场所需的资金少、时间短

资金需求过多，一方面不好融资，另一方面会增加创业风险。产品或服务开发周期越长，竞争者进入的概率就越大，创业者的市场机会就越小。

（六）生产产品或服务的技术和方法已经被证明可行

有些创意虽然被提出，但离实现还有很长一段距离。比如"完全智能家庭医生"，它虽然是一个好的创意，但目前尚处于概念阶段，从我国的发展水平来说，要将其作为一种产品或服务上市仍有很长一段路要走。

（七）创业计划书总体设计合理

表述力求简洁、清晰、重点突出、条理分明；专业语言的运用要准确和适度；相关数据科学、诚信、翔实；创业计划书总体效果较好。

第五节 创立企业的一般流程

一、企业定名

一个设计独特、易读易记，且富有艺术性和形象性的企业名称，能够迅速吸引大众的眼球，诱发其浓厚的兴趣和丰富的想象并给其留下深刻的印象。企业名称对树立企业良好形象产生重大影响。

企业定名一般应遵循以下原则。

（1）名称应简短明快。企业名称应简洁、易记易懂，不能起得太复杂，否则会适得其反。企业名称字数少，笔画简单，易于和消费者进行信息交流，便于消费者记忆，同时还能引起消费者的遐想，寓意丰富。

（2）名称应符合企业理念、服务宗旨，以及有利于塑造企业形象。企业名称必须与企业产品或服务相吻合，通常能反映企业的经营内容和特色，或者反映企业的主营产品，使消费者易于识别企业经营范围并产生购买欲望。

（3）名称应具备自身的独特性。名称新颖，不落俗套，能迅速吸引消费者的眼球，引起他们的兴趣。有个性的企业名称可以避免与其他企业名称雷同，以防混淆消费者记忆，并可加深消费者对企业的印象。

（4）名称要响亮，易于上口。具有冲击力、有气魄的企业名称往往在吸引消费者方面略胜一筹。

（5）名称应蕴含寓意，给人美感。在我国文化背景之下，用语不详历来是企业大忌。所以，企业名称应用一些符合国人传统审美观的字样，不但给予企业发展以良好愿望，也给人以舒适安全的心理感受。

（6）名称应遵循相关规定。我国对于企业名称有如下相关规定。

①企业不得使用下列名称：对国家社会或者公共利益有损害的名称；外国国家（地区）名称；国际组织名称；以汉语拼音字母组成的名称（外文名称中使用的除外）；以数字组成的名称。

②一般情况下，企业不得冠以党政机关、军队和社会团体的名称，不得使用其他法人已注册的商标名称。

③外商投资企业名称不得冠以行政区名称，在全国范围内，同行业企业的名称不得混同。外商投资企业可有与中文名称相一致的外文名称。

二、企业选址

企业选址是关系到企业经营成败的重要因素之一，也是创业初期涉及的几个问题之一。一般情况下，创业者会就近寻找空闲的位置作为企业办公场所。一个好的地理位置可以使一个普通的企业生存下去，反之，则使一个优秀的企业被市场淘汰。

（一）企业选址的一般因素

1. 经济因素

创业者决定把企业设立在某个地区时，不仅要考虑该地区的经济发展水平，如该地区人们的生活水平；还要考虑其他企业设在这里的原因，同类型企业的数量和发展状况，不同类型企业的数量和发展状况，并在此基础上分析不同因素对企业产生的不同影响。

人们收入的多少决定对产品（或服务）的需求。创业者要收集所选地区人们收入的信息，包括家庭平均收入、收入水平（低、中、高）、就业/事业情况、交通情况等经济因素。

2. 人口因素

创业者应该对消费人群有所了解。例如，创业者如果要开一家音像店，就要了解哪个地区青少年最多，因为这个群体购买光盘最多。其他人口因素还包括人口稳定性、人口数量。如果某地区人口增长迅速，很可能有较多的年轻家庭，创业者选址时也要考虑此因素。

3. 竞争因素

创业者要收集对手的相关信息，并对其进行仔细研究。创业者除了要详细了解竞争对手的数量和所在区域外，还要具体分析同类型竞争对手近几年的经营状况。此外，创业者对间接竞争对手的情况也要有所了解。

（二）创业选址的程序

（1）列出"必要"条件及自己希望的但并非必需的条件。

（2）找出一定区域内符合所列条件的所有位置。

（3）实地考察这些地方，根据初步印象剔除不合要求的选项，选择两三处比较合适的地方。

（4）对剩下的几个地方再次进行考察，并一一对照事先列出的条件。要特别注意那些对经营成败有重要影响的关键因素。

（5）每个地方白天、晚上多去几次，以便进一步了解其是否合适。

（6）做客流情况统计。计算每个地方每天各时段通过的人流、车流情况，以便推算潜在消费者数量。

（7）向有经验的人士和该地区的其他创业者征询意见。

（8）综合分析收集的各种信息和意见，作出企业选址决定。

三、确定企业的组织形式

依据财产组织形式和法律责任，国际上通常把企业分为三类，即个人独资企业、合伙企业和公司企业。在高度发达的现代社会，企业的组织形式日益多样化。

（一）个人独资企业

个人独资企业是指依法设立，由一个自然人投资，财产为投资者个人所有，投资人以其个人财产对企业债务承担无限责任的经营实体。

1. 个人独资企业的设立条件

（1）投资人为一个自然人。法律、行政法规禁止从事营利性活动的人，不得作为投资人申请设立个人独资企业。

（2）有合法的企业名称。

（3）有投资人申报的出资。

（4）有固定的生产经营场所和必要的生产经营条件。

（5）有必要的从业人员。

2. 个人独资企业的优点

（1）企业设立、转让和解散等行为手续非常简便，仅需向登记机关登记即可。

（2）企业主独资经营，制约因素较少，经营方式灵活，能迅速对市场变化作出反应。

（3）利润归企业主所有，无须与其他人分享。

（4）在技术和经营方面易于保密，有利于维护其在市场中的竞争地位。

（5）若企业主因其个人努力而使企业获得成功，则可以使个人产生成就感。

3. 个人独资企业的缺点

（1）当个人独资企业财产不足以清偿债务时，企业主将依法承担无限责任，必须以其个人的其他财产予以清偿，因此经营风险较大。

（2）一般来说，个人独资企业受信用限制不易从外部获得资本，如果企业主资本有限或者经营能力不强，则企业的经营规模难以扩大。

（3）企业主一旦发生意外事故或者犯罪、转业、破产，则个人独资企业将不复存在。

（二）合伙企业

合伙企业是指依法设立的、由各合伙人订立合伙协议，合伙人共同出资、合伙经营、共享收益、共担风险，并对合伙企业债务承担无限连带责任的营利性组织。

1.合伙企业的设立条件

（1）有两个以上的合伙人，且都是依法承担无限责任者。

（2）有书面的合伙协议。

（3）有各合伙人实际缴付的资本。

（4）有合伙企业的名称。

（5）有经营场所和从事合伙经营的必要条件。

法律、法规禁止从事营利性活动的人，不得成为合伙企业的合伙人，如国家公务员等。

合伙人可以用货币、实物、土地使用权、知识产权或者其他财产权利出资。对货币以外的出资需要评估作价的，可以由全体合伙人协商确定，也可以由全体合伙人委托法定评估机构进行评估。经全体合伙人协商一致，合伙人也可以用劳务出资，其评估办法由全体合伙人协商确定。

合伙协议是合伙企业成立的依据，也是明确合伙人权利和义务的依据，必须以书面形式订立，且经过全体合伙人签名、盖章方能生效。

2.合伙企业的优点

（1）由于出资人较多，扩大了资本来源，提高了企业信用能力。

（2）由于合伙人具有不同的专长和经验，能够发挥团队作用，各尽其才，有利于提高企业的管理能力。

（3）资本实力和管理能力的增强，提高了企业扩大经营规模的可能性。

3.合伙企业的缺点

（1）在合伙企业存续期，如果某一个合伙人有意向合伙人以外的人转让其在合伙企业中的全部或部分财产，必须经过其他合伙人的一致同意。

（2）当合伙企业以其财产清偿合伙企业债务时，其不足部分，由各合伙人用其在合伙企业出资以外的个人财产承担无限连带清偿责任。

（三）公司企业

《中华人民共和国公司法》对公司作出的定义是，在中华人民共和国境内设立的有限责任公司和股份有限公司。二者都是企业法人。

公司股东作为出资者按投入公司的资本额享有所有者的资产收益、重大决策和选择管理者等权利。公司享有由股东投资形成的全部法人财产权，依法享有民事权利，承担民事责任。

1. 有限责任公司的设立条件

有限责任公司由五十个以下的股东出资设立，设立时应当具备五个条件：一是股东符合法定人数；二是股东出资达到法定资本最低限额；三是股东共同制定公司章程；四是有公司名称，建立符合有限责任公司要求的组织机构；五是有公司住所。

2. 股份有限公司的设立条件

股份有限公司可以采取发起设立和募集设立的方式。设立股份有限公司应当具备六个条件：一是发起人符合法定人数；二是发起人认购和募集的股本达到法定资本最低限额；三是股份发行、筹办事项符合法律规定；四是发起人制定公司章程，采用募集方式设立的须经创立大会通过；五是有公司名称和符合股份有限公司要求的组织机构；六是有公司住所。

3. 公司企业的优点

（1）公司的股东只对公司承担有限责任，与个人的其他财产无关，因而，股东的风险不大，并且股份有限公司的股东还可以通过自由转让股票来转移风险。

（2）通过公开发行股票，提高公司的社会声望，因而融资能力很强。

（3）公司具有独立存续时间，除非因经营不善导致破产或停业，不会因个别股东或高层管理人员的意外或离职而消失。

4. 公司企业的缺点

（1）公司设立的程序比较复杂，创办费用高。

（2）按照相关法律要求，股份有限公司需要定期披露经营信息，公开财务数据，容易造成商业机密外泄。

（3）由于公司从社会吸纳资金，为了保护利益相关者，政府对公司的限制较多，法律法规的要求也较为严格。

（四）股份合作制企业

所谓股份合作制，是指在企业投资方式上采取股份制，即由若干不同的投资者以等额股份的方式共同投资；在股份构成上，以企业职工股为主，兼并且吸收其他股份，如法人股、国家股等股份；在企业分配方式上，实行按劳分配与按股分配相结合的企业经营方式。股份合作制企业的职工对企业债务承担有限责任。

（五）个体工商户

为了指导、帮助城乡劳动者个体经济的发展，国家工商总局制定了一系列政策性文件，允许有经营能力的城镇待业人员、农村村民以及国家政策允许的其他人员申请从事个体工商业经营。个体工商户可以在国家法律和政策允许的范围内，经营工业、手工业、建筑业、交通运输业、商业、饮食业、服务业、修理业及其他行业。个体工商户可以个人经营，也可以家庭经营。个人经营的，以个人全部财产承担民事责任；家庭经营的，以家庭全部财产承担民事责任。

第六节　创业过程中的心理调适

一、创业压力源

大学生的创业压力主要来自两个方面：一是创业环境，包括市场竞争环境、企业环境、职业环境；二是学生自身，包括学习与发展的关系、人际交往与沟通、情感问题、贫困问题等。总体而言，大学生的生理和心理年龄较小，而且所处环境比较特殊，因此，他们的创业压力承受能力较低。此外，原生家庭的经济状况给大学生的就业创业带来不同程度的压力。从性别来说，女生在创业方面的压力相对大于男生。从创业前景来说，女生在面对更大心理压力的同时，对其前景的担忧更加明显。从专业或学科来说，文科生面对的创业压力要明显高于理科生，文科生普遍存在不确定性和迷茫心理，这一方面的焦虑感更强。

社会支持作为个体应对压力的主要资源之一，在一定程度上能缓解大学生的创业压力。人际关系也是大学生创业成功的最重要因素之一。

大学毕业生数量的剧增引起了焦虑和恐慌，在疏导、分流大学生就业压力的呼声中，大学生自主创业逐渐成为一种重要的就业方式，对于大多数大学生而言，很多时候，创业存在于理想层面，他们基于现实层面的压力与考虑，很难找到自己满意的工作。虽然目前很多高校和社会机构正在培养大学生的创业意识，并积极对大学生进行训练和引导，但基于现实层面考虑，很多大学生只能选择就业，这是他们进入社会之后的自救选择。与此同时，我们经常看到一些高素质人才正在从事与他们所学专业完全不匹配的工作，如北大才子卖猪肉、复旦学生卖盒饭等，之所以会出现这种情况，主要原因是毕业生没有找到合适的工作，这样的创业有时也是一种无奈之举。

二、大学生创业压力及其应对方式与心理健康的关系

目前，心理健康问题已经成为影响大学生生活和工作的一个重要因素，它不仅影响大学生创业过程中的情绪状态，甚至会对大学生的心理健康造成损害，创业压力越大，心理健康状况越糟糕，负面情绪就会随之而来，糟糕的心理健康状况自然会给大学生的创业带来更大的压力。同时，大学生采用相应的策略又进一步影响他们的心理健康状况：大学生越倾向于采取积极主动的应对策略，就越少表现出抑郁和焦虑情绪；反之，大学生越采用消极回避的应对策略，就越强烈地表现出抑郁和焦虑情绪。

对于大学生的心理健康而言，创业压力与心理问题呈现正相关，与大学生在面对压力时的逃避回避情绪呈正相关，与大学生的积极主动态度呈负相关。正因为有这样相关性的存在，压力与心理健康处于一种恶性循环状态。如何应对压力并缓解压力呈现积极健康的情绪或状态，是当前乃至未来很长一段时间相关学者的研究重点。因此，当大学生面临创业压力时，高校要及时对其进行心理调节，提高大学生应对压力的阈值，在传授大学生专业技能的过程中还要培养大学生直面困难的勇气和能力，这样的教学实践不仅有助于提高大学生应对压力的能力，对于心理健康的预测作用也具有良好的效果。

三、创业压力管理

任何一个人在面对心理压力的时候都会感到十分痛苦，这种痛苦不仅是心理层面的，很多时候也会转变成身体层面的。如何管理心理压力并加以调节，创业者当下及未来很长一段时间需要思考的问题。总体而言，创业管理方式有如下几种。

（一）正确认识自己

大学生在创业过程中要对自己有一个正确的认知，不要高估自己，也不要缺乏自信。大学生经常会发出怀才不遇的感慨，然而当他们亲身实践时，就会出现眼高手低的情况，这就是未正确认识自己的具体体现。如何在失败时总结经验教训，在成功时不骄傲，是创业者需要长期学习的课程，只有抱以不卑不亢的创业态度，才会在面对挫折时端正心态，积极解决问题。

（二）正确对待挫折

大学生在创业过程中，难免遇到挫折。但面对挫折如何采取有效措施，才是创业过程中起决定性作用的重要条件。大学生在挫折面前，应进行冷静的分析、审慎的考虑，用理智来调节挫折带来的负面情绪。大学生要从挫折中吸取教训、总结经验，从而树立前进的信心。

（三）培养环境适应能力

人们因处于不同的环境，自然要承受不同的压力，大学生创业者在创业过程中难免会遇到各种各样的恶劣环境，因此会让人心情压抑、情绪紧张，甚至出现厌烦心理，这不仅会降低工作效率，还会对大学生创业者的身心健康产生极为不利影响。这时候，大学生创业者应积极探索有利于自身发展的因素，只有这样才能有效减轻心理压力，促进自身成长和发展。

（四）有良好的情趣

生活枯燥单调通常会让人变得情绪消极、心情低落。而情趣和爱好是平凡生活中重要的调味剂，通过培养情趣和爱好，人们不仅可以获得美好的友谊，也可以在情感交流中保持心情愉快，进而容光焕发。对于大学生创业者而言，培养良好的情趣和爱好不仅有助于排解压力，同时也是激发创业灵感的主要途径。

第六章　新阶段高校应用型人才就业策略研究

第一节　就业方向引导

一、构建通畅的大学生就业信息基础工程

大学生就业信息基础工程，是以政府为主导，利用先进的互联网技术，在全国范围内传输大学生就业信息和其他资讯的互联网络。它能够把劳动力市场供求资讯、政府关于就业的方针政策和法律法规、企业的基本信息融为一体。它的建设性构建具有革命性意义。它的基本作用是为大学生提供一种既形象直观、深度参与又值得推崇的就业价值方法，提升大学生的就业品质和价值，让大学生在就业方面拥有更自主、更通畅、更便捷、更实用的就业信息高速网。

大学生就业信息基础工程涵盖有线和无线网络、计算机和其他信息设备以及大学生就业网络化信息和设备。它以政府为主导，以高校、企业为支持，为大学生提供丰富、实用、便捷的就业资讯，让各区域内劳动力供求资讯一览无余。构建大学生就业信息基础工程就是利用互联网的便捷性，使全国各区域经济体内的大学生具备传输、储存、处理、交换、共享就业信息的能力，使全国大学生无论在任何时间、任何地点，只要有网络就能进行就业资讯的互通互联。高校不应该把大学生就业信息供应作为发展的最终目的，而应当把它作为一种被用来创造就业价值的增强就业能力、提升就业品质的工具。通过构建大学生就业信息基础工程，大学生可以随时了解全国劳动力市场资讯，并同全国其他区域内求职大学生一道互通有无。大学生可以随时知晓全国各区域各企业的招聘动态，并通过网络与其他求职大学生畅通无阻地探讨并解决就业中遇到的难题，通过互联网可以便捷地实现人职匹配。各企业可以通过这个平台发布招聘信息，提高招聘效率。构建大学生就业信息基础工程，高校的关注点不仅是技术的完美运用，更是为大学生就业提供信息服务。

高校在为构建大学生就业信息基础工程可能带来的潜在的巨大价值欢欣鼓舞的同时，也要正视它可能带来的道德和法律风险。大学生就业信息基础工程的构建有利于大学生收集、储存、交换、共享就业资讯，企业招聘也会变得更加高效，但个人隐私可能会遭到泄露。尤其是对于恶意攻击和盗窃，高校要早做准备，采取切实可行的措施来降低大学生就业信息基础工程的潜在风险，也要鼓励各方共享就业资讯，为大学生提供更多自由便利的选择、更多完整的项目和更贴切的服务，并保证全国的大学生能够受益于这个项目。如果大学生就业信息基础工程能够得到创造性运用，大学生就业的方式将被革新。

通过构建通畅的大学生就业信息基础工程，政府可以全程获取各区域经济体内大学生就业活动的基本概况，企业可以发布最新的招聘动态，并与其他企业互相交流，与大学生保持更紧密的联系。大学生可以通过互联网进入各企业并了解其概况、招聘要求，还可以与其他大学生一起分享应聘心得。简言之，构建大学生就业信息基础工程，能够使大学生接触国家制定的与就业相关的各种法律、方针、政策，了解招聘资讯，让他们加入高校围墙之中的"就业者社区"并进行积极主动的求职。构建大学生就业信息基础工程，能够为大学生在各区域经济体间求职提供更多选择，让大学生根据自身实际，优化业性价比；各招聘主体则可以使用该就业信息基础工程提高招聘效率，加强与政府、高校之间的联系，为大学生提供所需岗位，最大限度地挖掘大学生的就业潜能。

（一）利用大学生就业信息基础工程服务大学生

高校构建大学生就业信息基础工程，首先需要以政府为主导，在制定一系列政策的基础上，要求各招聘主体依托规则进行自我管理和规范。政府的参与不是包办，而是适度，参与的目的是建设合法的、可规范的、可操作的、单纯的、可持续的网络环境，促进大学生就业信息基础工程的发展。政府要对各招聘主体进行必要的管理，使其明确自身的权利和义务，要引导其招聘行为，督促用人单位提供清晰的招聘资讯，明确招聘方式和招聘的后续工作内容；要对各招聘主体提供人才岗位的合法性、规范性、准确性进行必要审查，并明确告知各招聘主体未经求职大学生许可，不得随意处置涉及大学生个人隐私的信息；要与各高校、大学生紧密合作，防止大学生求职失真行为的发生，还要为其提供一些过滤软件和隔离软件，避免招聘欺诈行为的发生。政府要通过构建大学生就业信息基础工程使大学生就业工作服务更加有效、公开、透明。政府工作要紧贴实际，减少重复、无效的工作内容，更好地为劳动力供需方提供服务。政府要经常性地收集大学生就业信息基础工程运行过程中的信息，及时了解求职大学生在网络上享受的政府服务；要建立大学生求职库和招聘主体招聘库，为劳动力供求双方搭建服务平台；要不断提升大学生就业信息基础工程的普及率，努力让每一个求职大学生都能够享受到互联网的便捷服务；要制订相应的奖罚方案，与各方紧密合作，拓宽服务范围，并为大学生提供看得见的贴身培训服务；要加强顶层设计，"全国一盘棋"，克服地域障碍，使全国各地的求职大学生能够进行便捷化交流；要创建全国性的就业供求资讯网络；要采用网格管理办法，把求职大学生、招聘主体、高校、就业专家、其他为大学生就业提供服务的非营利机构联结在一起。政府要利用大学生就业信息基础工程保证求职大学生能够自由地追求自己的职业梦想，表达自己的求职意愿，憧憬自己的职业发展；要让求职大学生跨越求职障碍，自由地择业并实施其择业行为，使他们把自身求职路与人民利益、国家发展、企业需求紧密地联系在一起。政府要通过构建大学生就业信息基础工程，为全国各地求职大学生提供就业机会，挖掘他们的就业潜力。

（二）规章建制，规范劳动力供求双方的网络行为

当今世界，互联网技术方兴未艾，信息技术革命风起云涌，这极大地促进了各个行业的变革。数字化大幅降低了各个行业的发展成本，未来，互联网将覆盖各个行业，网络无边界属性使许多传统模式受到了巨大冲击，特别是大学生就业。我们需要以新的眼光去审视大学生就业这个问题。互联网一体化给政府、各招聘主体、高校、求职大学生都带来了严峻的挑战，它需要我们针对这个新变化提出切实可行的解决措施。因此，我们需要在这个新领域内充分挖掘合作的潜力和新形式。在复杂多变的形势下，我们需要重新制订促进劳动力市场供求双方合作的策略。一些非营利机构或各地区的人才交流市场在大学生就业方面起到了十分重要的促进作用，但是政府、企事业单位、高校、各组织之间的协作仍然有许多要改进的地方。因此，大学生就业信息基础工程面临的主要问题有：当今世界

经济、政治、文化一体化趋势日盛，国内市场区域发展不平衡现象在长时期内仍然存在，互联网技术迅猛发展，大学生就业形势一年比一年严峻。在这样的特殊环境下，我们如何将大学生就业信息基础工程建设的各利益相关方联结在一起，通力合作？长远来看，互联网技术的飞速发展对我国大学生就业区域流向产生了什么样的影响？如何保证大学生就业政策、方针、法律法规在各区域经济体内贯彻执行？尤其是自由、开放、共享的互联网世界已经对我国大学生就业的规范化提出了十分具体的要求，今天的网络立法还能为大学生网络就业保驾护航吗？还能经得住劳动力市场的考验吗？

这些答案的核心在于它基于这样一个事实，即信息革命对劳动力市场供需双方的影响十分明显，在技术层面的运用潜力无限。这也是我们大力提倡大学生就业工作信息化的原因。但是，目前庞大的高校毕业生数量、日益严峻的就业形势促使我们不得不思考如何用信息化手段促进大学生就业。

互联网迅速发展日益渗透大学生求职过程中，构建大学生就业信息基础工程迫在眉睫，新世界在与新价值、新生存方式、新生活方式和新信息模式的不断碰撞中发展，新世界需要全新的思维方式。从国家和政府层面来说，大学生就业信息基础工程最大的挑战是，它正面临建立一种全方位、全新关系的需要，这个需要基于信息技术的飞速发展，源于人与人之间的信任和被信任关系，从而让求职大学生真正受益，让招聘主体实实在在受益。为了引导大学生在各区域内有序流动，让大学生充分释放求职潜能，我们有必要从网络伦理角度来重新审视那些对大学生网络求职产生影响的规章制度、政策、措施，如果政府、企业、高校、大学生、家庭及其他与大学生就业相关的利益方能够合作，并建立持续的、健康的新型合作关系，那么这种新型合作关系将帮助我们解决大学生网络求职所面临的种种困境，并找到一些切合实际的指导性原则。这些新型关系和原则将帮助我们制定一系列大学生网络求职的基本规范或政策。未来的网络管理模式将是一系列合法、合规、合情合理的既带有法律约束又带有道德自律的指导性原则，而这些原则将建立在大学生求职过程中，建立在利益相关方取得广泛共识的基础之上。在这个过程中，处于领导地位的政府相关部门应该制定各种网络求职规范性政策、法规，帮助大学生跨越网络求职障碍。政府的责任是在构建大学生就业信息基础工程的过程中尽力去防范、消除可能存在的网络欺诈等不法行为，时时加强对大学生就业信息基础工程的调控、调整，以防出现各种不必要的重复性工作和各种官僚主义之风。为了保障大学生顺利就业，促进政府、各招聘主体、高校、大学生、家庭以及其他为大学生就业提供服务的非营利机构之间的互相配合、互相支持和互相理解，政府要制定各种符合程序要求、符合国情、符合大学生实际的网络法律法规，并确保其顺利实施。这样就可以最大限度地保证网络技术的广泛运用，对于增加大学生求职机会以及挖掘大学生求职潜力，促进区域经济体内的人力资本汇聚，推动区域内大学生的合理有序流动，助力人力资源的最大限度挖掘，加快大学生就业价值的多元展现，推进国民经济和谐、持续、健康发展都会产生广泛而深远的影响。

（三）搭建完善的大学生就业信息内容体系

现阶段，互联网信息化不断推进，速度如此之快，运用如此之广，影响如此之深，与人们的关系如此之密切，使人们难以抽身。人们越来越离不开它。网络资源几乎取之不尽，用之不竭，但我们千万不能视之为理所当然。大学毕业生数量之多、就业心理之复杂，招聘主体数量之庞大、成分之具体，政府关于就业的方针、政策制定之复杂，使得大学生就业信息基础工程的使用量将达到前所未有的程度。

政府需要适度地介入，确保这项工程在运行中畅通无阻，为各利益相关方提供便捷的通道，以提高其参与度。这种情况下，政府、各招聘主体、高校、大学生、家庭等既要各自独立，又要共同贯彻和执行相关政策、方针。大学生就业信息基础工程的推进将各方的努力凝结成最终成果，它的意义在于充分运用信息化技术，引导各利益相关方增强对就业工作挑战的认识，帮助搭建就业信息平台，形成技术优势，以确保大学生就好业、好就业。它将为大学生就业的各利益相关方实现各自的目标提供联结。为了实现这个目标就需要构建完善的大学生就业信息内容体系。笔者认为，该体系由基础设施、适度监管、确保安全性、保护隐私、充裕信息、共享对接等部分组成。

第一，完善基础设施——建立真正的网络就业高速通道。大学生就业信息基础工程是一项系统、复杂、庞大的工程，它的关键点及首要前提是可以满足大学生在就业过程中各利益相关方最基本的可信赖、可支持的网络信息化的技术支持，它的目标是实用、快速、畅通无阻。换言之，当全国各地大学生的求职信息、用人单位的招聘信息、政府的相关就业扶持措施等数据在这个平台上传递时，必须确保其内容的真实、可信、安全、畅通、不间断。网络在纵向与横向上应当四通八达，从信息的发出、接收、处理到后期的跟踪反馈，整个流程都应十分顺畅。这是一场技术革命，在构建大学生就业信息基础工程时需要配备符合标准的基础设施。例如，开发出适用各种手机型号的即时性就业信息传递技术。可以考虑由国内部分顶尖级计算机运用中心，开发出大学生网络就业信息的新技术和新应用软件，在政府的支持下，形成就业信息支持网络。可以由政府牵头，在听取大学生就业利益相关方意见和建议的前提下，开发一系列网络技术，如可以帮助大学生就业的各种适用软件、技术标准、网络运用和各口径选择等。

第二，适度监管。明确表明政府是监管大学生就业信息基础工程的主体，这种适度的监管是必要的，也是必须的。"不以规矩，不成方圆"，互联网上，既有真善美的东西，也有假恶丑的内容，高校需要对其进行适度的管制。大学生就业信息基础工程是大学生网络就业非常重要的平台，如何进行监管是不可回避的话题。各行各业都需要规则才能确保行业健康可持续发展，也需要有主体机构去确保这些规则落到实处。大学生就业信息基础工程的监管主体只能是政府，而不能是市场，大学生就业的前提是就业信息的真实性和就业过程的安全性。大学生就业信息基础工程的作用是充分运用信息技术提供公平、公开、透明、安全、实用的就业信息。

第三，确保安全性。政府要通过各项网络立法倡导网络伦理，为保证大学生就业信息基础工程在运行过程中的通信安全性制订各种机制、程序和协议。大学生就业信息基础工程顺利推进的前提是其安全、可信赖。大学生就业的各利益相关方都需要增强自律意识，确保网络就业信息和对接的安全性。这个平台上的所有数据都应当受到保护，要努力避免网络的非法入侵、网络信息的非法窃取、网络招聘的欺诈行为。针对网络信息的失实现象，高校要成立一个专门的机构来对大学生就业信息基础工程的推进进行全方位的网络技术支持。要预防网络非法入侵就需要紧跟网络技术发展的步伐，紧贴网络信息革命的发展态势，应用新的网络技术工具和网络技巧进行全员监管、全过程监管，确保大学生就业信息基础工程的可持续性推进。

第四，保护隐私。大学生就业信息基础工程不是一个"就业信息垃圾场"，也不是一个政府的单方面行为，各利益相关方要群策群力，承担发出、接收、对接就业信息的道德和法律责任。大学生就业信息基础工程这个平台上的个人或招聘主体的隐私都应当受到保护，这也是政府的基本监管职责。政府的监管目标是通过适度的监管，努力创造一个可信赖的安全的大学生网络就业环境。政府要制定一系列保护就业个体或招聘主体信息隐私的方针政策，通过网络立法、自我约束来构建大学生就业信息基础工程的网络道德伦理。政府要制定大学生网络就业的自律隐私政策，政策要具有可操作性，让大学生在网络就业过程中能够适度地进行自我约束，不违法、不违规，自觉遵守就业信息网的基本规则，对自己负责，对社会负责。

第五，充裕信息。这就意味着在大学生就业信息基础工程平台，大学生就业信息应当丰富化。无论是政府、用人单位、高校，还是大学生自身都能在这个信息平台上随时随地最大限度地获取他们需要的就业资讯。大学生就业信息基础工程平台上要有十分清晰明了的就业指南，告知大学生就业相关利益方的具体要求，并指导大学生顺利达到他们的要求。大学生就业信息基础工程的优势就在于既有科学性，又有实用性，易于操作、易于理解、易于共享"内容标签"。"内容标签"能够指引大学生就业利益相关方高效便捷地获取就业资讯。适度监管是政府义不容辞的责任。随着信息革命的风起云涌，互联网技术的广泛应用为各行各业的发展添上了腾飞的翅膀。构建大学生就业信息基础工程的主要目的是为大学生在互联网上获得需要的就业资讯提供服务，提供给大学生就业相关方定义化、客户化、私人化的就业信息。政府要实时对这个平台的运行进行必要评估，可以考虑开发评估系统，实时输送数据，为大学生在全国各区域内的合理、有序流动提供参考。

第六，共享对接。大学生就业信息基础工程要确保实效，确保网络就业资讯能够极大地推动大学生去就业、好就业，同时能使用人单位招聘到自己所需要的人才，使政府动态地知晓全国大学生在各个区域内的分配情况、大学生的就业质量和结构是否合理、国家的就业方针政策是否恰当、如何为大学生就业提供更优质的服务；高校也能知晓自身培养的人才质量是否符合国民经济发展的需要、是否符合社会各行业发展趋势、是否经受得住劳动力市场的考验；大学生也能结合所学的专业、所具备的基本素质和能力获得用人单位的认可，学会在合适的时间、合适的地点找到合适的用人单位，并与用人单位做好对接。大学生就业信息基础工程的使命就是在政府的主导下，在劳动力市场的驱动下，使大学生网络就业值得信赖。为了实现这个初衷，大学生就业信息基础工程就要时刻提供劳动力市场供需双方的基本情况、政府关于大学生就业的政策法规、高校关于扶持大学生就业的相关措施、大学生求职的基本资讯、用人单位招聘的主要对象、关于国家宏观和微观经济的发展趋势、国内各行各业发展前景，并为劳动力供求双方提供互联互通平台。该平台为大学生就业各利益相关方达成共识、获得合作提供联结，并且始终保持通畅、可持续、健康、良好、高效运转。在就业资讯与互联网技术相结合的基础上，政府可以借助这个平台提供的各种共享就业资讯和行之有效的就业政策法规，保护供需方的隐私，出台标准化网络规范，促进劳动力市场供需方的互用性。政府要在大学生就业信息基础工程的共享链接上下功夫，要与用人单位、高校、大学生、家庭以及其他促进大学生就业的非营利机构携手合作，时刻关注变化，并定时评估该平台运行所产生的各种影响，并在吸取成功经验的基础上进行推广。政府要积极应对大学生网络招聘过程中可能存在的各种问题，提出切实可行的对策，运用自身的智慧，整合各方力量，共同推动大学生就业工作健康、可持续、和谐发展。

（四）尊重劳动力市场的法则，倡导自由竞争

大学生在就业过程中，要尊重劳动力市场的基本法则，特别是要尊重劳动力市场的基本规律，倡导自由竞争。劳动力市场的竞争法则是适者生存，优胜劣汰，这是生物进化的必然规律。竞争的目的是尽可能地保护劳动力供需市场的自由，当然，这种自由是在政府适度监管下的自由。因为劳动力市场的自由流通有利于保证大学生网上就业的公平性、正义性和效率。帕累托最优原则确定了效率优先这一规则。在大学生网络招聘过程中，劳动力供需双方也要遵循用人单位公平招聘的原则，如大学生的质量、能力要求是否与用人单位人才需求相匹配，用人单位提供的各种招聘资讯或资源是否与大学生自身需求相吻合等。竞争在劳动力市场自由交易过程中扮演不可或缺的角色。在劳动力市场发展过程中，尤其是大学生网络求职招聘过程中，任何人为违背市场法则的不当干预，都会阻碍互联网技术的充分应用，挫伤劳动力供需双方的积极性。政府的责任是确保大学生就业信息基础工程的有效实施，使劳动力供需双方在网络上实现各自利益最大化。

政府应当倡导自由竞争，通过适度的介入来确保竞争法则在大学生网络就业过程中畅通无阻。政府的责任是保护公平竞争，而不是干涉自由竞争者。网络既是一个虚拟世界，同时也是一个实体互动的世界，它同样需要法律、规则、政策、措施去约束某些人的不当行为，特别是对网络劳动力市场供需双方的交易对接过程进行必要的约束，让他们借助互联网进行就业互动时有章可循、有规可循，既要有合作，也要有竞争，在合作中竞争，在竞争中合作，在创新中合作，在合作中创新。一个开放的有共同合作意愿驱动的劳动力供需市场将保证各自利益最大化的自由竞争驱动下的合理获得。所以，在推进大学生网络信息基础工程顺利运行的过程中，竞争法则必将也必定适应劳动力供需市场和大学生网络求职结构的变化。在大学生网络求职这一特定环境下，我们应当正确评估并满足劳动力市场自由竞争法则的需求，并正确应用它，使它发挥最大潜能，确保全国的大学生都有平等的机会享受大学生网络信息基础工程所带来的益处。政府有义务也有能力帮助大学生掌握网络就业的基本技能，充分挖掘他们的就业潜能，并通过该平台使其获得一份满意的工作。同时，政府也要时刻警惕自由竞争可能带来的不当竞争或垄断，尤其要关注这种自由竞争是否破坏了社会主义核心价值观或社会基本道德规范，要让大学生在求职过程中将自身的职业发展与国家利益、社会利益、集体利益紧密联系起来，特别是要警惕西方一些非主流、反动的就业观对我国大学生就业观的冲击。当今世界，资讯发展迅猛，呈几何倍数积累并广泛扩散，大学生在网络求职过程中，面对各种就业资讯要有的放矢，要有所为有所不为，要进行必要的评估筛选，要适应这种变化和转化。政府要经常调研，科学管理大学生就业信息基础工程平台上的就业资讯，以便用人单位、大学生、高校及其他参与大学生就业的相关机构可以充分利用就业信息，并使就业信息技术服务于使用者自身和社会相关联的就业机构和单位。

（五）管理运用好大学生就业信息基础平台

大学生就业信息基础工程的充分运用、成功推进取决于政府及其管理团队的决策和行为。对大学生及用人单位而言，他们关注的是在大学生就业信息基础工程平台上的劳动力供需信息的供给——是否有足够的就业和招聘资讯以不断满足快速增长的就业及招聘需求。这就迫切地要求政府深入研究这个平台的技术运用以及随之产生的管理问题。政府应做好准备迎接可能出现的技术挑战、道德风险、法律风险。

众所周知，信息技术革命不断推进，互联网时代已经到来，并将在很长一段时间内影响人们的生产和生活。对大学生就业而言，网络求职已经成为一种必然趋势。对众多用人单位而言，网络招聘是一项投入低、产出高的工作。这意味着建立大学生就业信息基础工程是必要的，也是必需的。对政府而言，成功的大学生就业信息基础工程的资讯管理的基本前提是良好的态度关系、合理的组织布局以及过程的监控。政府只有负责任地处理以上问题时，大学生就业信息基础工程平台才能更好地运作。大学生就业信息基础工程的信息管理应从以下方面来做好就业资讯的技术性宣传，即让劳动力供需双方都知晓该平台，特别是对该平台技术上的潜在能力以及未来发展趋势的关注，它将改变大学生就业、用人单位用人择人模式，同时鼓励劳动力市场供需双方不断提高就业信息的技术能力，并熟练地掌握和运用这种能力；大学生就业信息基础工程平台为劳动力供需双方提供有用的就业资讯、可接受的有较高回报率的就业及招聘资讯，劳动力供需双方通过该平台可以实现交流、共享；由专门的部门、专业的技术队伍提供服务；大学生就业信息基础工程平台把劳动力供需双方，包括高校、政府以及其他为大学生就业提供服务的非营利机构等紧密联系在一起；对所有大学生就业的利益相关方开放，并使所有利益相关方有机会使用它；要畅通无阻地交流，并使自身隐私得到保护，每个大学生就业的利益相关方都是这个平台的成员，在该平台运作过程中体现内容的真实性、合法性、丰富性；从劳动力供需双方的基本需求入手，在现有基础上不断改进服务，提供更好的条件；界定该平台的服务对象，满足他们的需求和偏好，为他们提供更好的就业资讯和服务；不断总结经验、吸取教训，了解网络技术的发展趋势，学会利用互联网技术来解决大学生就业过程中遇到的问题，发现解决问题的新办法；努力提高劳动力供需双方对该平台的依赖性，建立较为完善的与网络招聘相关的法律法规，加强基础设施建设，使大学生就业信息基础工程平台的收益最大化；坚持责任性原则、知晓性原则、道德性原则、全面性原则、均衡性原则、完整性原则、时效性原则、重新评估原则、民主原则、数据质量原则、收集限制原则、目的明确原则、使用限制原则、安全维护原则、公开性原则、个人参与原则。

二、加快城镇化进程，汇聚人力资本

城镇化是大量人口持续向城镇集聚的过程，是工业化进程必经的阶段。城镇化进程的推进能够创造出更多的就业机会，吸引大量大学毕业生，使劳动力从第一产业向二、三产业转移。

那么，加快城镇化进程与大学毕业生在各大经济区域内流动有什么必然联系呢？又如何优势互补，互相促进整合、促进人力资本的集中，推动区域经济发展呢？城镇化是衡量一个国家步入现代化水平的重要标志，也是人类社会进步的具体体现。在我国，由于历史原因和受现实发展状况的影响，各区域经济体发展不均衡，人力资本分布分散现象十分突出。同时，区域经济体内不同的城镇化率也是人才能否集聚的重要条件。经济要发展，人才要先行。简言之，大多数大学毕业生在择业过程中都倾向于选择经济发达地区。城镇化意味着更好的基础设施、更优的公共服务、更健全的发展平台、更多的社会资本。有学者曾经指出，城乡分离和对立给人类带来的"文明面"和对抗性表明：扬弃和超越城乡之间的分离和对立，在克服各自对立面弊端的基础上进一步走向融合，是人类历史发展的必然趋势。

（一）加快城镇化进程对人力资本汇聚的影响和作用

城镇化是一个城市发达程度的标志，是人口和产业向城市转移、农业经济向非农业经济转变的现实途径。城镇化对人力资本的汇聚具有重要作用，对实施科教兴国、人才兴国战略有很好的现实意义。人力资本包括投资和产出两个方面，具有再生和再创造的特点。城镇化也是衡量一个区域经济体人力资本竞争力强弱的重要标志，人力资本是城镇化发展的基本前提，也是区域经济发展的重要基础。人力资本的配备情况反映了区域经济体内的经济发展情况。城镇化的进程、人力资本的汇聚情况是区域经济体可持续、健康、快速发展的关键。

城镇化进程的推进是城市由小到大发展的过程，是城市集群发展的过程，也是基础设施投资、固定资产投资力度加大的体现。在区域公共事业、工业、农业及第三产业等投入的多少、发展水平的高低都与城镇化水平密切相关，人力资本的汇聚与城镇化进程相辅相成、相得益彰。人力资本的涌入，有力地推动了城镇化进程的加快。而城镇化进程的加快，又形成更多的人力资本集群。

城镇化进程的加快，吸引了大量大学毕业生涌入，使区域经济体内人力资本效能得到了大幅提升，区域经济体内城镇化进程的加快也极大地拉动了消费，扩大了消费市场，提升了生活品质。城镇化进程的加快，区域经济体内各个投资软硬环境、生活环境的改善也会提高对人才的吸引力。

城镇化进程的加快，有利提升大学毕业生的工资待遇，促进第三产业的飞速发展，从而推动经济结构调整，以及三大产业在区域内经济比重的改变。农村生源地的毕业生不断向城市涌入和迁移，在促进消费增长的同时也能极大地推动教育、医疗、住房、就业等公共服务领域的发展，促进餐饮、物流、保险、金融等第三产业的迅猛发展。

城镇化的发展质量与大学毕业生区域内流动有密切的联系。全国各区域经济体城镇化进程的加快，对促进经济增长、产业结构转型换代、技术进步、消费水平提升以及社会管理变化具有重要意义。大学生就业是民生之本，解决大学毕业生就业关系到国家的发展、社会的进步、千家万户的幸福、大学生个人的前途命运，也是影响区域内城镇化水平的重要因素。当前，我国大学生就业形势日益严峻，毕业即失业，大学生就业的结构性矛盾十分突出，区域经济体间发展不平衡现象依然存在，社会支持系统所能发挥的作用十分有限，借助城镇化进程与契机，不仅能有效地解决大学毕业生的就业问题，还能推动大学毕业生在各区域内合理、有序流动。大学毕业生可以为加快城镇化进程提供人力支持。大学毕业生充分转移到城市必然会提高城市的劳动生产率，而城镇化也能吸收大量大学毕业生，提高城市对大学毕业生的吸引力。

（二）城镇化与大学毕业生就业呈正相关性

近年来，大学毕业生数量逐年攀升，结构性矛盾突出，特别是区域经济体发展不均衡问题没有得到根本性解决，大学生就业结构的偏差性也极大地制约了城镇化发展，区域内三大产业升级转型任务十分繁重，三大产业发展比重不均衡问题仍然存在。区域内城镇化的速度、规模、质量的不同在一定程度上导致大学生就业结构发生变化。与此同时，在体制化过程中我国区域经济体城镇化存在滞后性，而滞后性导致大学生就业承受更大的压力。城镇化有可能形成一些大中小城市集群，借助辐射效应为缓解大学毕业生的就业压力提供帮助。大学毕业生的区域流动以及就业层次也极大地影响区域经济体城镇化发展层次。

(三)加快城镇化进程,促进大学毕业生在区域内合理、有序流动

1.城镇化不断推进,促进大学毕业生在区域内合理、有序流动

城镇化是国家战略,是与大学生就业区域流动相互影响、相互促进的城镇化。它的发展必将促进经济增长、产业结构升级换代、大学毕业生收入增加等,新型城镇化将对大学毕业生在区域内流动的规模、结构、速度、质量产生深远影响。从近年来就业增长率以及各区域内国民生产总值增长情况来看,新型城镇化对区域内经济增长具有一定的推动作用,二者相辅相成。区域内国民生产总值的增长、经济的发展是形成城镇化的前提和基础,新型城镇化的推动必然会吸引大量大学毕业生涌入城市。人才的会聚推动区域内生产的发展、消费品质的提升、消费潜力的不断挖掘,城市各配置基础设施的不断完善反过来又影响大学毕业生的就业率。

2.区域内产业转型升级影响大学毕业生的就业质量

政府要不断强化城市产业就业支撑,调节优化城市产业布局和结构。新型城镇化的不断推进必然导致区域内第一、第二、第三产业加速转型升级,同时促进区域内各产业集群的形成,推动更多的新兴产业不断产生。具体而言,新型城镇化的推进,使第一、第二、第三产业在国民经济中的比重发生变化,如人、财、物向第三产业倾斜,由劳动密集型向资本和技术密集型转化,由传统农业、工业向现代化农业、工业转化。新型城镇化由于经济总量、存量的增长,在一定时期内会促进经济增长,经济增长需要更多的劳动力,这就为大学毕业生在区域内流动提供了更多机会。

新型城镇化加速了产业转型升级,在这个过程中,第三产业呈现出良好的发展态势,产业分工更加精细化、专业化、现代化,大学毕业生就业岗位增多,但各行各业在这场改革中都会受到不同程度的冲击。传统行业面临淘汰,新兴行业正在崛起。这对大学生就业流向产生极大影响。随着社会主义市场经济体制改革的不断深入,公平竞争的市场准则已经得到普遍运用,营造了充满活力的经济氛围。与此同时,吸纳了大量大学毕业生在各区域体内就业。特别是第三产业,如服务业已经成为吸纳大学毕业生的最大蓄水池。在城镇化进程中,大量的大学毕业生涌入各个城市择业,由于大部分大学毕业生具有行业的基本技能和基本素质,因而他们能够较为顺利地从事劳动生产。第一产业容纳的大学毕业生人数相

对较少,第二产业在发展过程中不断转型升级,产业自动化速度加快,对大学毕业生仍有一定的阻力。第三产业如商业、服务业、通信运输、家政等由于发展迅速,内部也在不断地更新换代,不断向知识密集型和技术密集型产业转化。这些行业具有较大的就业容纳潜力,就业弹性十足,创造了大量的就业岗位,推动了大学毕业生在区域内的人力资本汇聚。新型城镇化推动了经济迅速发展,国家及各区域内国民生产总值不断增加,就有更多的资金投入教育、医疗、保障、服务等行业中,使更多的大学毕业生在区域内有序流动,同时他们也能享受更多、更好的社会公共服务资源。而公共设施的投入在一定程度上又提高了大学毕业生就业的可能性,弥补了社会就业岗位数量的不足,同时提升了生产和消费品质。

大学毕业生在区域内自由流动破除了城乡二元体制的束缚,同时使大学毕业生的权益得到维护,大学毕业生更加安心地就业,提升大学毕业生的就业主动性和积极性。城镇化的推进以及各区域经济体内公共基础服务设施建设大幅提高了整个社会的劳动生产率,促进了社会现代化,使越来越多的大学毕业生积极投入第三产业中。随着信息技术水平的提高和互联网技术的普及,大学毕业生通过便捷的网络,能够找到更匹配的工作岗位,提高了流动的精确性和可能性,使大学毕业生在劳动力市场中自由平等地择业,增强大学毕业生在经济社会各区域内的就业活力,推动大学毕业生就业结构的不断优化。新型城镇化进程的推进,在很大程度上促进了人力资本的汇聚,提升了大学毕业生就业积极性,提高了大学毕业生的就业率,并使其获得了更加丰厚的经济回报。大学毕业生就业后收入增加,再参加各种培训,有利于提升自身的人力资本价值,而城镇化的推动、社会公共服务品质的提高,促使大学毕业生顺利就业,逐渐提升自身的社会价值和个人价值。

3.提升各区域经济体的综合发展实力和竞争力,推动大学毕业生合理、有序地流动

政府部门引导大学毕业生在区域内合理流动,就需要因地制宜,制订各区域经济体的城市特色规划,要充分考虑区域的不同特点,在发挥市场微观职能的同时,还必须发挥强制力和行政力,在区域内重点发展主要和中心城市时,也要给予区域内其他城市足够的支持,要通过各种经济杠杆发挥政策的引导力量,给予较为落后的区域内城市更多机会,这样才能减小区域经济发展不均衡带来的负面

影响，加强区域内人才资本的汇聚，推动大学毕业生在各区域内好就业、就好业，并实现统一、和谐、可持续发展。城市综合发展实力和竞争力是指一个城市相对于其他城市在软硬件环境上，尤其是创造经济效益方面的能力，综合体现它的发展程度、速度、潜力，反映一个城市的综合能力、国民生产总值、经济增长率、综合竞争能力、产业发展状况、人均生产总值、城市居民收入水平、社会生存需要的成本、城市居民幸福感指数等。

各区域经济体要积极营造重才用才的社会环境、工作环境、政策环境和生活环境，了解区域内人才资本汇聚对提升城市综合发展实力的重大影响，因地制宜，找准定位，不断完善人才服务政策，筑巢引凤，提高城市人才配置质量，从而推动大学毕业生在区域内合理、有序地流动。

三、构建大学毕业生弱势群体就业帮扶体系

2015年5月27日，习近平总书记在浙江召开华东七省市党委主要负责同志座谈会上明确指出："要坚持经济发展以保障和改善民生为出发点和落脚点，全面解决好人民群众关心的教育、就业、收入、社保、医疗卫生、食品安全等问题，让改革发展成果更多、更公平、更实在地惠及广大人民群众。"从大学毕业生就业实践过程可知，只有加大对区域流动中毕业大学生弱势群体的扶持力度，才能帮助他们真正就业，获得劳动报酬，实现经济独立和人格独立。随着我国城镇化进程的加快，政府对区域流动中弱势大学生毕业群体给予帮扶，为其提供必要的就业岗位，有助于保障他们的基本生存发展需求，把大学毕业生弱势群体失业的不良影响降到最低，对全面建设社会主义现代化国家，实现中华民族伟大复兴的中国梦具有现实意义。

（一）区域流动中弱势大学毕业生群体的基本界定

区域流动中大学毕业生弱势群体主要包括三类。第一类是生理性的弱势群体，是指由于身体上生理性的原因而在求职就业过程中某些方面有障碍，在社会择业中处于弱势的大学毕业生群体。比如，在求职和区域流动过程中，由于求职成本不足或经济困难而无法正常求职。患有某些慢性疾病，需要长期服用药物，日常生活自理能力受到影响的大学毕业生，他们心理上受到一定创伤，存在各种障碍，从而在区域流动中就业困难，需要帮扶。第二类是专业素质欠佳的弱势群

体。比如，部分大学毕业生在求学期间由于各种原因没有系统地掌握本专业相关的理论知识与技能，在区域流动中求职困难。第三类是生源地是农村的部分弱势群体，特别是融入城镇化过程中遇到各种困难而无法就业择业的大学毕业生。

有学者认为，大学毕业生弱势群体是指在遇到社会问题的冲击时自身缺乏应变能力而易于遭受挫折的大学毕业生群体。也有学者认为，大学毕业生弱势群体主要包括某种病、残及意外事故所导致的个人生存和劳动能力障碍者，过高赡养系数者以及市场竞争中的失败者。还有学者认为，大学毕业生弱势群体是指创造财富、聚敛财富的能力较弱，就业竞争能力、基本创造能力较差的大学毕业生群体。

（二）区域流动中大学毕业生弱势群体的基本特征

区域流动中大学毕业生弱势群体主要是指由于自身、经济、社会方面的弱势状态而难以像其他大学毕业生那样去各区域择业，从而产生各种生理或心理压力，陷入各种矛盾、困境，且处于社会就业不利地位的大学毕业生群体。区域流动中大学毕业生弱势群体有三个基本特征。第一，区域流动中大学毕业生弱势群体在择业中受各种因素制约，如主观上自身综合能力的限制、客观上用人单位的刁难、国家相关政策的限制，还有如自身的各种残疾、性别上的歧视、对生源地的歧视等。第二，区域流动中大学毕业生弱势群体在择业上陷入求职困境。由于家庭原因，这些弱势群体在择业过程中面临就业成本的压力。有学者指出，经济利益上的贫困性是社会弱者的根本属性，决定了社会弱者在生活质量和承受力上的共同特征。家庭贫困使某些大学毕业生遭遇短暂求职失败就会陷入生活的困境。第三，区域流动中大学毕业生弱势群体在心理上存在不同程度的问题。由于受社会、用人单位及其他人的各种歧视，部分大学毕业生弱势群体在心理上处于压抑、自卑、沮丧、绝望状态，不同程度地出现心理障碍，产生极大的心理负担。尤其是在区域流动中出现的择业不安全感比较明显。对此，有学者指出，具有较低社会支持感的人对他人的评估比较消极，面对自身则产生人际交往无能、焦虑，以及社会排斥感。由此可见，区域流动中大学毕业生弱势群体的共同特征就是由于各种主客观原因使他们在区域流动中择业出现不同程度的脆弱性与软弱性。政府及社会对区域流动中大学毕业生弱势群体的帮助体现了社会主义制度的优越性，关系到千家万户的利益，是贯彻社会公平正义原则的必然要求，是维护国家安全稳定的现实需要。有学者指出，弱势群体是社会的基本劳动群众，是社会主义政权的重要支撑，是载水之舟，是社会主义事业的大厦之基。

（三）区域流动中大学毕业生弱势群体形成的原因分析

一个国家的就业状况反映了其社会资源配置状况、各生产要素的组合状况，决定经济效能的大小，直接影响社会经济的发展。区域流动中大学毕业生弱势群体的形成有多方面原因。一是部分大学毕业生由于自身专业限制，理论知识不扎实，专业技能不熟练，难以适应产业发展的需要，在区域流动择业过程中慢慢变成弱势群体。尤其是互联网飞速发展，技术进步，自动化、机械化进程加速，使用人单位的岗位需求逐渐减少，招聘人才总量减少，大学毕业生就业量就相应地减少，这在一定程度上对区域流动中的大学毕业生弱势群体造成了巨大冲击。二是国家相关政策的实施对大学毕业生弱势群体的形成产生影响。如城乡二元结构未能完全破除、户籍制度的限制、不科学合理甚至苛刻的劳动用工制度等。尤其是大学毕业生弱势群体在择业过程中遭遇的各种歧视，如地域歧视、生理歧视、性别歧视等各种不公正的用人现实。社会保障体系如养老、医疗、教育等不同区域经济体间尚未完全统一，这对区域流动中大学毕业生弱势群体的择业形成障碍。

此外，区域流动中大学毕业生弱势群体的形成还有以下原因：大学毕业生在校期间缺乏系统的职业生涯规划；择业时就业观念滞后、就业方式单一、就业形势困难估计不足；就业区域流动的经济困难导致择业困难；过于倾向国企或其他体制内岗位；在择业过程中存在"等、靠、要"思想，对择业期望和择业待遇要求过高；心理上出现各种问题等。

（四）构建社会支持系统，促进区域流动中大学毕业生弱势群体顺利就业

解决区域流动中大学毕业生弱势群体的就业问题，不仅是一个经济问题，更是一个社会问题，如果解决不好，则会引发社会矛盾，影响社会和谐发展。有效解决区域流动中大学毕业生弱势群体的就业问题，对有效降低各地社会失业率，维护国家安定，推动社会公平，缩小社会贫富差距，促进社会健康、和谐、可持续发展具有重要的现实意义。构建全方位、宽领域、多层次的社会支持系统，促进区域流动中大学毕业生弱势群体顺利就业是政府的主要职责。

1. 高校要构建区域流动中大学毕业生弱势群体的管理机制

对于全国各区域流动中的大学毕业生弱势群体而言，构建必要的管理机制，有助于社会的和谐发展。根据区域流动中大学毕业生弱势群体的实际情况，高校要摸清底数，建档跟踪，给予心理辅导和必要的资助，同时为他们提供就业指导，并做好职业生涯规划；建立预警机制，通过高校的摸底及时发现弱势群体的数量，了解他们的基本情况，并派专人进行跟踪帮扶，采取切实可行的措施为他们的就业做必要准备。高校要建立应届生弱势群体的失业预警机制，尤其是不断完善大学毕业生弱势群体的信息库，并建立健全大学毕业生弱势群体的失业救助应急机制，加强对区域流动中大学毕业生弱势群体的思想状况的摸排，建立必要的补助扶助体系，从心理上为他们排忧解难，从经济上为他们解决就业成本不足问题，从职业发展上帮助他们做好科学、合理的规划，降低择业期望值，帮助他们提高择业信心。

在构建区域流动中大学毕业生弱势群体的管理机制中，最重要的是对这些特殊群体从机制上进行风险防范，尽量减少他们在择业中可能遇到的困难，有序地防范和化解他们因失业而引发的各种不利于社会和谐的矛盾。高校要根据大学毕业生弱势群体存在的各种具体特征，有针对性地对他们进行培训、心理辅导，并在政策允许范围内为他们提供各种资助；要根据大学毕业生弱势群体的具体情况进行统一领导、分类管理，并构建区域流动中大学毕业生弱势群体的数据库；要通过防范机制，及时为大学毕业生弱势群体排忧解难，化解他们在择业中产生的焦虑、恐慌等不良情绪，消除内心矛盾和困惑，把他们对社会可能造成的各种冲击降到最低；要积极维护大学毕业生弱势群体在择业中的合法权益；要切实解决大学毕业生弱势群体的困难，尤其是经济困难以及在区域流动中择业遭遇的歧视，在机制上和道义上维护他们基本的就业权利；要不断与大学毕业生弱势群体交流接触，倾听他们的心声；要引导大学毕业生弱势群体正确看待并处理在求职中可能遇到的社会不公现象，避免激化矛盾；要引导大学毕业生弱势群体融入社会，融入劳动力市场。高校在机制上为大学毕业生弱势群体择业保驾护航，不断强化就业中的思想政治教育功能，用科学的理论武装大学毕业生弱势群体的头脑，改变思想政治教育的方式、方法，教育大学毕业生弱势群体正确认识和对待就业中遇到的各种困难和挑战，增强大学毕业生弱势群体在区域流动中择业的心理承受能力，引导大学毕业生弱势群体通过正常的渠道来反映和解决自身在择业中存在的问题。

　　高校要建立健全区域流动中大学毕业生弱势群体的预警和干预机制，切实承担自身责任，对摸排的实际问题逐一解决，强化服务；加强家校联系，根据具体情况，与大学毕业生弱势群体的家庭成员经常沟通，双方通力合作；建立区域流动中大学毕业生弱势群体的择业信念反馈机制，对他们在区域流动中的择业情况及时进行分析预测，结合劳动力市场的复杂性、变化性、市场化特点，建立健全区域流动中大学毕业生弱势群体的择业跟踪反馈机制；加强对区域流动中大学毕业生弱势群体就业思想状况的摸排，运用系统化的手段对他们进行细致的调查，了解他们在区域流动中可能存在的思想动态，使其在择业遇到困难时能够及时化解不良情绪，防范各种潜在的社会风险，消除不稳定因素，将其不良的情绪扼杀在萌芽状态；及时建立健全区域流动中大学毕业生弱势群体的就业或择业突发事件的快速应急处理机制，及时化解矛盾；建立健全区域流动中大学毕业生弱势群体的对接联络机制。高校要利用政治辅导员、班主任、学生党员、学生干部等先进分子的各种优势，与区域流动中大学毕业生弱势群体结对子，进行一对一服务，及时了解区域流动中大学毕业生弱势群体的近况，以及在就业中遇到的困难，采取专门的帮扶措施。当大学毕业生弱势群体遇到择业困难时能够及时伸出援手，帮助他们化解矛盾。所以，当区域流动中大学毕业生弱势群体在择业中遇到各种社会风险时，高校应建立各种管理机制，还要不断引导他们树立风险意识，理性、公正、客观地对待自身在择业中遇到的各种困难，以便更快、更好地融入劳动力市场，推动社会和谐、健康、可持续发展。

　　2.搭建社会支持系统，推动大学毕业生弱势群体在区域间顺利就业

　　区域流动中大学毕业生弱势群体在择业中会遇到各种挫折，难免产生不良情绪，会给社会带来一定的风险，这就需要社会系统发挥他助的功效。社会支持系统是指区域流动中大学毕业生弱势群体之间由密切联系且互相信任的人群组成，其可以帮助和支持区域流动中大学毕业生弱势群体，是一张人脉关系网。社会支持系统实质上是社会关系网，是人与人之间通过血缘、亲缘或其他缘，如同学缘、老乡缘等构成的相对稳定的社会关系网，它是一群特定的人之间的一组独特的关系。德国哲学家恩斯特·卡西尔在《人论》一书中指出："人只有以社会生

活为中介才能发现他自己，才能意识到他的个体性。"美国社会学家查尔斯·霍特·库利在《人类本性与社会秩序》一书中提出："思想是源于生活的一条河流，作为生活主要意义之所在的人际交流和社会感情是航行在这条河流上的船只，而其他感情只是这条河流上的漂浮物。"区域中流动的大学毕业生弱势群体在择业中会出现彷徨、无奈、无助，不仅需要找人交流、倾诉，还需要必要的心理辅导和必需的经济援助，社会支持系统就能发挥其应有的作用。马克思在《关于费尔巴哈的提纲》中指出："人的本质不是单个人所固有的抽象物，在其现实性上，它是一切社会关系的总和。"社会支持系统于区域间流动大学毕业生弱势群体而言是一种十分实用的社会支持人脉资源，也是帮助区域间、流动中大学毕业生弱势群体顺利就业、择业的重要因素。它可以极大地拓宽区域流动中大学毕业生弱势群体就业的范围，突破一种时空限制，为改变大学毕业生弱势群体就业思维方式、提升就业品质提供必要帮助。社会支持系统相对于区域流动中大学毕业生弱势群体而言，它是一种共同参与、互助合作、共享的支持系统，是一种动态的系统，它不是一成不变的，双方可以互惠互利、互助共享。通过社会支持系统，区域流动中大学毕业生弱势群体在某种程度上可以更从容地就业，更自信地择业，更理性地融入劳动力市场。社会支持系统不仅是区域流动中大学毕业生弱势群体精神上的支持、心理上的疏导，还是经济上的支援。社会支持系统可以帮助区域流动中大学毕业生弱势群体在就业或择业过程中抱有敬畏之心去遵纪守法，抱有感恩之心去面对社会各方面的支持，抱有奋斗之心去实现个人的梦想，并融入实现中华民族伟大复兴的中国梦的国家宏伟目标中。

3.提供必要的且针对性强的就业资讯及其他附加服务，为区域流动中大学毕业生弱势群体排忧解难

区域流动中大学毕业生弱势群体最大的问题就是就业。就业或择业的途径有许多种，如劳动力市场或劳务市场中介、亲朋好友介绍、社会性公益分配、个人自主择业等。对于区域流动中大学毕业生弱势群体而言，就业或择业的渠道趋向多元化，网络招聘、朋友圈介绍、政府公益安置岗位、职业介绍、社区和乡村帮扶、新闻媒介获得的就业信息等，尤其是熟人介绍已经成为一种不可或缺的重要择业渠道。就业资讯的获得对区域流动中大学毕业生弱势群体至关重要。现代社会是信息大爆炸社会，就业资讯良莠不齐，区域流动中大学毕业生弱势群体在择

业过程中会碰到许多意想不到的困难或挫折。首先，亲朋好友伸出援手，这是一种效果比较明显的方法，因为亲朋好友比较理解区域流动中大学毕业生弱势群体的苦处、难处，也尽其所能帮助他们实现就业梦。有学者指出："一个人与外界的联系总是有限的，通过亲戚朋友等社会成员关系，可以帮助就业者建立起一个可信度和高信息网络。同时，由于亲情、友情关系的存在，对就业者也比较了解，他们是就业者分析筛选信息的得力助手和参谋。"对于区域流动中大学毕业生弱势群体而言，由于自身家庭经济条件差、生理或心理缺陷，在就业或择业过程中难免产生自卑、软弱、愤世嫉俗心理，此时最可信任的无疑是自己身边最亲近的人，这些人会让他们感到放心。其次，区域流动中大学毕业生弱势群体在择业过程中还会碰到一个新的难题，即劳动力市场中资方的信任。对于资方而言，他们聘用身心有缺陷的大学毕业生弱势群体需要一种信誉上的担保。这种担保可以是个人、团体组织、政府部门。最后，对于区域流动中大学毕业生弱势群体而言，他们在就业中难免遇到各种困难，如购买合适的服装，择业过程中所产生的交通、住宿、伙食、通信等费用，所以政府部门要出台各种保障制度，提供必要的制度性救助。亲朋好友也需要伸出援手，通过爱心接力，互助、互济、合作来帮助区域流动中大学毕业生弱势群体顺利就业。著名心理学家马斯洛曾经提出，人类需要的层次结构图由低到高依次为生理需要、安全需要、归属与爱的需要、尊重的需要，以及自我实现的需要。对于区域流动中大学生弱势群体而言，心理安慰和情感抚慰是不可或缺的。对于区域流动中大学毕业生弱势群体而言，就业和择业是其首要任务，也是迫切需要面对和解决的问题，但人的心理或精神的健康体现了人自身特有的价值，也是人精神生活充实愉悦的具体表现，所以，对于区域流动中大学毕业生弱势群体的就业问题，社会各界不仅需要提供就业援助，更需要对其进行心理辅导，帮助他们顺利地融入社会，为构建和谐社会添砖加瓦。

四、加强有效引导，推动大学毕业生灵活就业

大学生供给与我国现行经济社会对大学生的需求相比，无论是在数量方面，还是在质量、结构方面都存在巨大矛盾，与此同时，就业率与就业质量下降，绝对失业人数多。解决好大学毕业生就业问题直接关系高校自身的发展，同时关系

社会的和谐发展。

(一)灵活就业的含义

灵活就业是指在劳动时间、收入报酬、工作场地、保险强制、劳动关系等方面不同于建立在工业化和现代化工厂制度基础上的主流就业方式的各种就业形势的总称,其包括:非全日制就业,如家政、家教服务、清洁、护理工作等;临时就业,如城市公共事业用工、建筑用工、售货员、家庭小时工、街头小贩等;季节就业,如旅游旺季的服务工作,制糖等季节性生产,夏季的制冷、冬季的供暖工作等;承包就业(或协议工作、合同工作);家庭就业,如家教等;兼职就业;独立开业的事业技术人员,如医生独立开办医疗诊所、律师开办律师事务所等;远程就业、自主就业等。

大学生灵活就业有利于充分开发和利用人力资源,既满足了社会的发展需要和人们对产品或服务需求的多层次的客观需要,又提供了大量的就业机会,弥补了体制上的不足,满足了用人单位和毕业生双方的需要,还为他人提供了就业机会,同时知识经济崛起为大学生灵活就业提供了广阔的发展空间。

(二)大学生灵活就业面临的问题

虽然灵活就业已经成为当代大学生职业选择或经济发展的必然趋势,但就我国各地域而言,灵活就业的发展仍然存在很多问题,这严重阻碍了大学生灵活就业。

1.大学生灵活就业观念有待提高

首先,为了解决我国大学生就业问题,灵活就业已经成为一个重要渠道,相关政府部门也为此作出了巨大努力,但对于广大的大学生而言,他们不管是在灵活就业的认知层面,还是在具体操作层面都缺乏认识。他们固执地认为灵活就业就是在就业机会匮乏的情况下解决弱势群体就业的手段,国家之所以鼓励大学生灵活就业,只是为了缓解当前社会层面的就业压力而已,灵活就业只是一种权宜之计。事实上,灵活就业是基于当前市场经济发展考量提出的,是一种重要的就业形式,也是市场力量爆发的职业产物,是国民经济体系的重要组成部分。

其次,大学生毕业后更倾向于在经济发达地区就业,坚决认为国有单位和事业单位是一种就业选择,其他行业不做考量,他们认为灵活就业不是真正的就业,只是没有找到合适职业前的无奈选择。因此,面对灵活就业问题时态度消极，宁愿失业也不愿意灵活就业，最终出现大量自愿失业情况。再加上当前环境和强度等原因，使得灵活就业的工作环境较差、工资待遇较低、社会保障缺乏，这一切更加剧了大学生不愿从事灵活就业的想法。

2.灵活就业者的权益得不到保障

目前，我国市场经济体制还不够完善，市场经济中的用人单位还存在诸多需要规范和约束的不当行为。对于参与灵活就业的大学生而言，由于缺乏对其利益进行维护的相关组织，这也让一些用人单位肆意损害其合法权益。虽然用人单位在大学生灵活就业的过程中提供了便利和机会，但这些用人单位究竟是为了缓解学生就业带来的压力，还是将其作为廉价劳动力却不得而知。再加上越来越多的学生投入灵活就业的行列中，总体上处于一种供大于求的情况，这就使得灵活就业的大学生权益很难得到保障。在现实层面，优惠政策得不到落实，灵活就业劳动条件差，工资低，安全卫生恶劣，以及没有及时签订就业合同而被随意解雇，这些都是灵活就业在大学生中难以实现的重要原因。

（三）加快发展大学生灵活就业的对策

大学生灵活就业是一项涉及面广、政策性强、关系大学生自身利益和社会稳定的重大社会经济问题。促进大学生灵活就业需要各级政府、非政府组织、用人单位、大学生自身等共同努力，主要思路是分类指导，突出重点，完善权益保障体制机制，力求劳动力市场灵活化，即实现时间灵活化、位置灵活化、薪资灵活化等。

政府应制定促进大学生灵活就业的政策，并且大学生灵活就业给予一定倾斜。政府应出台一些优惠政策，为大学生灵活就业提供支持，如解决资金与贷款问题、简化工商登记手续、降低行政事业型收费、优先租用厂房等。根据不同对象和各种就业形式的不同特点，政府应制定不同的政策，如引导用人单位积极灵活用工，指导和鼓励它们为社会提供多种形式的就业岗位，对通过灵活用工扩增就业岗位的单位给予资金支持和税收优惠；对自行创业人员，应制定相应政策措施予以辅助等。政府要完善相关法律法规，保护大学生灵活就业的权益；逐步完善灵活就业的服务体系，加强就业指导和创业指导；完善政府部门和中介机构对灵活就业大学生的服务；发挥劳务性就业组织或中介服务机构的作用，将灵活就业的大学生组织起来；积极推进户籍制度、档案管理制度等相关制度的改革，推进劳动力资源的合理配置，进一步落实资金（信贷）扶持工作及税费减免政策，为大学生就业提供便捷、优质服务。

总之，大学生就业是一个循序渐进的过程，推动大学生灵活就业的顺利开展，是全社会共同的责任。我们相信随着各方面条件的改善（如政策环境、制度环境、市场环境、社会环境、就业观念等），大学生实现灵活就业指日可待。

第二节 择业心理问题调适

一、常见的择业心理问题

（一）攀高心理普遍存在，对工作期望值过高

由于大学生的日常生活都是在校园中度过的，他们缺乏一定的社会阅历和职场经验，对社会现实缺乏全面和正确的了解，如就业环境、就业形势及就业政策等。因此大学生在求职过程中难免会产生自我期望值过高心理，他们过分看重自己的学历，认为凭自己的条件能够找到满意的工作，但实际情况并非如此。由于没有及时调整择业心态，对自己的认知不够清晰，大学生在求职过程中，过分挑剔用人单位的各项条件，结果错失良机。

（二）存在焦虑和恐惧心理，缺乏竞争的勇气和自信

对于大学生而言，竞争激烈的就业市场与学校生活是两种完全不同的环境，因此，他们产生不同程度的恐惧或焦虑心理。之所以会出现这种情况，主要是因为学校生活较轻松，就业压力较小；而竞争激烈的就业市场中存在诸多压力，尤其是一些毕业生的知识和技能水平并不突出，再加上没有特长或性别原因等，被用人单位拒绝不足为怪。另外，无法确定自己就职的用人单位是否有广阔的发展前景，这是很多毕业生忧虑和担心的一个现实问题；同时，同业竞争中的不公平现象也会加重大学生恐惧和焦虑心理，正因为这些不良情绪的存在，很多大学生出现心理问题，最终影响学习和生活。

（三）自卑与自负心理

在求职过程中，由于竞争激烈，很多大学生对自己的优势和潜能缺乏基本了

解,这就形成了两种极端情况。一种是自卑心理。这种心理状态下,大学生求职往往缺乏自信心,很难主动且大胆地向用人单位或企业推荐自己,更不敢主动参与到就业竞争中,这使得大学生明显低估自己的聪明才智,在择业和就业的过程中过于被动,很难发挥自身的才能。另一种是自负心理。这种心理状态下,大学生往往高估自己的聪明才智,自我感觉良好,导致择业过程中盲目乐观,自认为能胜任各种工作,也能找到理想的工作,但现实中常常面临眼高手低的窘境,在影响就业选择的同时,也丧失了很多机遇。

（四）利己心理严重

利己心理也是影响当代大学生顺利求职的一个重要因素。这是因为当代大学生过分看重个人价值,过于计较自身利益,他们注重个性化,也比较看重自我价值的实现,因此将个人发展和收入是否理想作为求职的首要考量。部分初出茅庐的大学生很少考虑自己应聘的职业所能产生的社会价值,缺乏相应的社会责任感。有的大学毕业生甚至一味追求高收入,一切以眼前利益为主。

二、大学生产生择业心理问题的原因

大学生产生择业心理问题有如下原因。

1. 客观原因

（1）从社会环境看。我国的社会主义市场经济体制还不完善,产业结构调整、政府机构缩减,因此能为大学生提供的工作岗位十分有限。

（2）从家庭期望看。多数家庭对子女寄予较高期望。父母希望子女毕业后能进入层次较高的单位工作,不希望子女碌碌无为、平平庸庸。

（3）从学校角度看。很多学校认为学生毕业后如果不进入较高层次的单位工作,就会有失学校的声誉。

（4）从同龄人关系及相互影响看。相比未上大学的同龄人,大学生的虚荣心较强,他们认为只有找到一个好工作才能心安和满足。与大学同学相比,他们更希望自己找到一份好工作。

这些客观因素交互作用构成了大学生的心理压力源,使大学生感到压力重重,无所适从。

2. 主观原因

大学生缺乏认识问题和分析问题的能力，不善于重建心理平衡，不善于运用自我能力解除"危机"。

大学生在就业中遇到种种压力时，容易产生心理失衡，出现心理问题。

三、自我调适的方法

（一）采用心理调节的方法进行自我调适

1. 认识和评价自我的方法

进行自我调适，首先要正确认识和评价自我，这是进行自我调适的基础。人只有正确地认识和评价自我，才能找到自我调适的立足点。

认识和评价自我的方法如下。

（1）自我静思。自我静思也叫自我反省，就是面对各种矛盾和冲突时，首先冷静地、理智地思考自我、认识自我、评价自我，找到自我的确切位置。

（2）社会比较。人不可能脱离社会而存在，正确地认识和评价自我离不开社会比较。

（3）心理测验。心理测验是心理测试的一种工具和手段，是根据一定的法则对人的行为用数字或图线加以确定的方法。

2. 自我调适的方法

（1）自我转化法。把情感和精力转移到其他活动中，使自己没有时间和精力沉浸在不良情绪中，求得心理平衡。

（2）自我适度宣泄法。同信得过的朋友、老师、家长倾诉，把心中的愤怒、困惑等消极情绪发泄出来，或通过参加运动来宣泄情绪。

（3）松弛练习法。大学生通过练习学会在心理上和躯体上放松，以减轻或消除各种不良的身体反应。

（4）理性情绪法。大学生可以通过倾诉、适当发泄、转移注意力的方式释放内心的压力，以改善不良情绪，达到自我调适的目的。

（二）提供必要的社会关怀

首先，社会要努力为大学生提供良好的择业环境和更多的择业机会，尽快完善和规范毕业生就业市场，加快人事制度改革，建立公正、平等的竞争环境。这是对大学生择业心理障碍进行社会调适的最有力措施。

其次，学校要大力加强就业指导和心理咨询工作。

最后，家长和亲友要主动关心大学生择业心理状况，帮助他们树立正确的择业观，缓解心理压力，促使他们以积极、健康的心态度过求职择业阶段。

第三节 就业权益保护

一、劳动法概述

（一）劳动法的概念

劳动法是调整劳动关系、保护劳动者权益的重要法律。《中华人民共和国劳动法》（以下简称《劳动法》）全面规定了劳动者的基本劳动权利与义务，制定了用人单位应当遵循的劳动标准和行为规范，对全面建立并实施劳动合同、社会保险、最低工资、工作时间、休息休假、劳动争议处理和劳动监察等重要制度作出了具体规定，并明确了违反有关规定应承担的法律责任。我国分别于2009年和2018年对《劳动法》进行了修正。

（二）劳动法制定的原则

《劳动法》制定的原则就是保护劳动者的合法权益。它的基本任务就是通过各种法律手段和措施有效地保护劳动者的合法权益不受侵犯。劳动者依法享有各项权利，比如劳动安全保障权、取得劳动报酬权等，同时劳动者必须依法履行劳动义务。此外，《劳动法》的制定还体现了按劳分配原则、合理配置劳动力资源原则、最终要促进生产力发展原则等。

（三）劳动法的作用

《劳动法》的实施，主要有以下四个方面的作用。

（1）全面建立了劳动合同用人制度，通过劳动者与用人单位依法签订劳动合同建立劳动关系，为建立现代企业用人制度，实现劳动关系法治化创造了条件。

（2）最低工资制度在全国范围内全面建立，工资支付的有关规定得到了较好的落实，劳动者依法享有获取劳动报酬的权利。

（3）社会保险制度改革不断深化，建立了覆盖城镇各类企业的基本养老保险制度、失业保险制度、医疗保险制度、工商保险制度、生育保险制度等。

（4）建立了劳动保障监察制度，劳动争议处理工作进一步展开。

二、劳动合同概述

（一）劳动合同的概念

劳动合同是求职者和用人单位建立劳动关系的凭证，是确立劳动法律关系的形式，是调整劳动关系的手段，也是处理劳动争议的重要依据。精确地说，劳动合同是求职者与用人单位确立劳动关系、明确双方权利和义务的协议。在劳动合同中，求职者和用人单位是平等的合同主体，因此，双方订立劳动合同应当平等、自愿、协商一致。

（二）劳动合同的种类

劳动合同的种类繁多，根据不同形式的劳动关系，其划分的种类也不同。劳动合同按照期限分为固定期限合同、无固定期限合同及临时工劳动合同等。劳动合同按照劳动者与用人单位不同形式的劳动关系可以分为录用合同、聘用合同、借调合同、停薪留职合同等，其中，录用合同是用人单位长期雇用劳动者而签订的劳动合同，比如就业协议，就是劳动合同的基本类型。

（三）劳动合同的主要内容和条款

自用人单位用工之日起即与劳动者建立了劳动关系。劳动合同是劳动者与用人单位确立劳动关系、明确双方权利和义务的协议，也是维护劳动者和用人单位合法权益的保障。劳动合同应当具备以下八项条款的内容。

1. 劳动合同的期限

劳动合同的期限是指劳动合同具有法律约束力的期限，一般可分为有固定期限、无固定期限和以完成一定的工作为期限三种。其中，最常见的是有固定期限的劳动合同，时间一般在1年以上10年以下，甚至更长时间。无固定期限的劳动合同具有特殊性，对于具备哪些条件的人可以签订无固定期限的劳动合同都有相关规定。

2. 工作内容

对于劳动者而言，在签订合同的过程中一定要详细了解合同中的工作内容，这也是劳动合同的核心条款，同时是用人单位招聘员工的主要目的，也是应聘者获得劳动报酬的主要原因。主要工作内容包括劳动者的工种和岗位、工作地点，以及该在岗位应完成的工作任务。这些内容要求规定得明确、具体，以便遵照执行。

3. 劳动保护和劳动条件

劳动保护是指用人单位为了防止劳动过程中发生事故，减少职业危害，保障劳动者的生命安全和健康而采取的各种措施。劳动条件是指用人单位为劳动者从事某项劳动提供的必要条件。

4. 劳动报酬

获取劳动报酬是劳动者向用人单位提供劳动的主要目的。劳动者的劳动报酬包括工资、奖金和津贴的数额或计算办法。劳动报酬必须符合国家法律、法规的规定，如工资不得低于最低工资标准，工资支付的期限和形式不得违反有关规定等。

5. 社会保险

目前，我国的社会保险包括基本养老保险、基本医疗保险、失业保险、工伤保险和生育保险。用人单位必须依法为劳动者缴纳社会保险。

6. 劳动纪律

劳动纪律是指劳动者必须遵守的用人单位的工作秩序和劳动规则。

7. 劳动合同的终止条件

劳动合同的终止条件是指劳动合同法律关系终结和撤销的条件。劳动合同双方当事人可以在法律规定的基础上，就劳动合同的终止进行约定，当事人双方约定的终止条件一旦出现，劳动合同就会终止。

8. 违反劳动合同的责任

违反劳动合同的责任是指违反劳动合同约定的各项义务所应承担的法律责任。为了保障劳动合同的顺利履行，必须在劳动合同中约定有关违反劳动合同的责任条款，包括一方当事人不履行或者不完全履行劳动合同，以及违反约定或者法规条件解除劳动合同所应承担的法律责任。

除了上述八项条款外，用人单位和劳动者还可以约定以下几个方面的内容：试用期、培训期、保守商业秘密、补充保险和福利待遇以及其他经双方当事人协商一致的事项等。

（四）签订劳动合同的步骤

签订劳动合同的步骤如下。

1. 签订劳动合同前应注意的事项

（1）敢于多提问题。为了了解用人单位更多的情况，求职者应利用应聘机会多提问题，为寻求一份理想的工作提供全面参考。现在，很多求职者在应聘时仅留下一份个人求职材料，对有关劳动合同问题知之甚少，只是在经过考试或筛选后才重视劳动合同问题，这样既会影响对求职机会的把握，同时也会浪费大量时间。

（2）要求签订书面合同。许多劳动纠纷都是因为没有签订劳动合同或劳动合同的内容不详细、不合理而引发的，不要为了图省事而签订劳动合同。现在很多用人单位，尤其是民营、私营企业规模不大且资金紧缺，同时又要面对技术与产品更新速度快、竞争激烈的现状，它们并不愿意与新聘的员工签订书面形式的劳动合同。

（3）仔细阅览合同范本。通过对劳动合同范本的阅览，求职者可以从中得知用人单位的管理是否规范，这是对自己负责的一种表现。对用人单位出示的劳动合同范本，求职者要浏览其内容，对有疑问之处，要及时询问用人单位；对不能接受的条款，要向用人单位提出修改意见，以确定是否应聘这份工作。

（4）做到不签合同不试用。按照《劳动法》的规定，劳动合同中可以约定试用期（试用期最长不得超过6个月），但试用期应当包含在劳动合同期限内，即用人单位与求职者达成一致意见后，就应签订劳动合同，用人单位可根据需要在劳动合同中约定短于6个月的试用期，不得把试用期独立于劳动合同之外。部分用人单位为了节省开支和逃避义务，利用求职者求职心切的心理，不与求职者签订正式的劳动合同。试用期一到，用人单位就会以试用不合格为由解雇求职者，再招聘新员工，求职者明知被欺骗却又无可奈何。

2. 签订劳动合同时应注意的事项

劳动合同是用人单位和求职者建立劳动关系、履行各自义务、维护各自权利的依据，因此不能因为求职者对劳动合同的重要性缺乏认识，对签订劳动合同知之甚少就存在大量漏洞。需要注意的是，在签订劳动合同时，双方的地位是平等的。这就需要求职者重点关注两个方面的内容：一方面，用人单位在劳动合同中加入一些不利于求职者的条款；另一方面，避免由于自身粗心大意、缺少经验等在劳动合同中加入一些不利于自己的条款。求职者在签订以下劳动合同时一定要持慎重态度。

（1）模糊合同。模糊合同是对合同的有关条款用概括、笼统的语言填写，合同内容泛泛而谈，没有实质性内容，或合同内容表述不清、模棱两可、概念模糊，这样易产生歧义。一旦发生纠纷，难以评判和确定。

（2）口头合同。口头合同是合同双方以口头形式规定用人单位的权利和求职者的义务，以口头承诺方式确定用人单位的义务和求职者的权利，没有按《劳动法》的规定签订书面形式的劳动合同，一旦发生劳动争议欲申请仲裁或法律诉讼时，无法考证。

（3）不全合同。不全合同是用人单位事先按照劳动合同的范本印制好合同，只需求职者在合同上签字或盖章。求职者在签订合同时却发现，合同的内容不全，一般还会有附加条款，因此，求职者签订合同前一定要让用人单位拿出原文，仔细审看无异议后再与用人单位当面签字或盖章，以防用人单位利用签订时间先后的不同而在合同上动手脚。

（4）单方合同。单方合同是用人单位利用求职者求职心切的心理，只约定求职者有哪些义务、如何遵守规章制度、违反劳动合同要承担哪些责任等，关于求职者的权利，除劳动报酬外，劳动合同、劳动条件等方面的内容只字不提。

（5）抵押合同。抵押合同是用人单位要求求职者对有关证件及工资福利进行抵押，若求职者违反约定，则没收抵押物或抵押金。

（6）卖身合同。卖身合同是一些用人单位与求职者在合同中约定求职者必须"一切行动听指挥"。在工作中，要求求职者加班加点，强迫求职者超负荷劳动，有的用人单位甚至连吃饭、穿衣、上卫生间都规定了苛刻的时间，剥夺了求职者的休息权、休假权，严重的还侮辱、谩骂、体罚和殴打求职者。

（7）双份合同。采用双份合同是因为用人单位慑于劳动主管部门的监督所采取的规避手段，用人单位与求职者签两份合同，也就是真假合同，一份是按照劳动主管部门的要求而制作的假合同，主要是为了应付检查；另一份才是用人单位基于自身利益考虑而制作的真合同，通常该合同中所规定的权利与义务极不平等，求职者要注意甄别。

（8）生死合同。生死合同是一些从事危险性行业的用人单位未按《劳动法》的有关规定履行安全、卫生义务，为逃避责任，常常在合同中与求职者约定"工伤概不负责"，或只是约定一些无足轻重的责任，与国家规定的偿付标准差之甚远。

（9）私藏合同。劳动合同应该一式三份，分别由用人单位、求职者和劳动鉴证部门留存，且具有同等的法律效力。有的用人单位会私自留存这三份合同，使求职者无法按合同的规定履行义务和享有权利，当出现劳动关系纠纷时，求职者拿不出有效的依据。

（10）收费合同。一些用人单位利用签订劳动合同的机会，向求职者收取不合理或不合法的费用。例如，向求职者收取保证金和风险金等，求职者若有违反管理制度的行为，用人单位便扣留这部分款项。

3. 签订劳动合同后应注意的事项

签订劳动合同后，求职者便成为用人单位的一员，承担某种职务职责或某项工作，遵守用人单位的规章制度，完成劳动任务；用人单位按照求职者劳动的数量与质量支付劳动报酬，保证求职者依法享有的各项合法权利。虽然依法签订的劳动合同具有法律约束力，但并不是所有经双方签字、盖章的劳动合同都受法律保护。有些合同从订立之日起就没有法律效力，对用人单位和求职者没有约束力，例如以下五种情况。

（1）违反法律、行政法规的劳动合同。

（2）合同主体不合格的，如不满16周岁的公民签订的劳动合同（除法律有规定外）一律无效。

（3）严重违反程序订立的劳动合同，如应该经劳动主管部门鉴证而没有报请鉴证的劳动合同无效。

（4）采取欺诈、威胁等手段订立的劳动合同。

（5）劳动合同不符合形式的，如应当签订书面合同而没有签订书面合同的无效。

求职者与用人单位签订的劳动合同如果属以上情况的，应向劳动仲裁委员会或人民法院申请仲裁或诉讼，以维护自己的合法权益。

三、劳动合同与劳务合同的区别

劳动合同与劳务合同是两种性质不同的合同，往往容易混淆。

（1）劳动合同受《劳动法》调整；而劳务合同是买卖合同，受《中华人民共和国民法典》调整。

（2）劳动合同的内容是由法定条款和约定条款两部分组成，法定条款中就有要为员工缴纳相关的保险；而劳务合同不存在保险方面的法定条款，也就是说，劳动合同必须有保险条款，而劳务合同则未必。

（3）如果发生纠纷，需要按照劳动合同进行劳动仲裁，如果对劳动仲裁结果不服，再到法院起诉，劳动局也有执法大队，保证仲裁结果的执行；如果发生纠纷，可以持劳务合同直接到法院起诉。

（4）如果出现纠纷，劳动合同涉及三方面责任：一是行政责任，二是赔偿责任，三是刑事责任。例如，进工厂以后不允许劳动者出厂，属非法约束他人人身自由，可能会触犯《刑法》；而劳务合同一般只发生民事责任，是劳务费的支付问题，不涉及刑事责任。

四、签订就业协议书前的准备工作

1. 妥善保管协议书

每名毕业生只有一套就业协议书，每套一式四份，任何单位或个人不得复印、复制和翻制就业协议书。在没有就业协议书的情况下，按正常应届生接收办法，毕业生无法与用人单位签订协议，则会使毕业生失去部分就业机会。因此，如果就业协议书出现破损等情况，毕业生可持原件到学校学生就业部门更换，不得转借、涂改，否则视为无效。

2. 慎重签订就业协议书

毕业生在就业协议书上签了个人意见，用人单位在协议书上签字盖章后，该协议书即开始生效，毕业生不得单方面终止协议。因此，在签订合同或解除协议之前，该协议书都具有效力。毕业生在签订之后，如果有其他就业选择，则必须与原单位办理书面解约手续，经用人单位上级人事主管部门备案后，办理改派或其他手续。但毕业生需要承担相关违约责任。

经过这样的毕业生接收正规程序后，毕业生的档案管理、落户、党组织关系挂靠、转正定级、职称评审等一系列工作就由人才交流中心协助办理。

五、毕业生求职如何维护权益

毕业生参加企业招聘、面试时，有哪些权益可能受到侵害？如何避免这些侵害？如果出了问题自己"应付"不来，可以向哪些机构请求帮助？

1. 招聘、面试阶段

企业在招聘、面试中对毕业生权益的侵害主要有以下几个方面。

（1）虚假广告。有的企业为了招到条件较好的应届毕业生，会在招聘会上隐瞒或夸大本单位的一些情况。

这种情况下，毕业生会左右为难，因为他们无法辨别该企业招聘信息的真假，一方面担心浪费时间，另一方面又担心错失良机。因此，对于即将毕业的大学生而言，如果对一家企业很感兴趣，或已经通过初步面试，首先要做的就是对该企业进行调查和了解，避免上当。

（2）利用招聘、面试等侵犯学生。女学生经常会被提问一些极具侵犯性的问题。当企业问出这种问题的时候，毕业生要严厉拒绝回答，必要时甚至可以向司法部门举报。

（3）歧视行为。在求职过程中最常见的一种歧视行为就是性别歧视。一些企业在发布招聘简章的过程中会明确标注性别需求，这种对某一性别的过分注重，或对某一性别学历、技能的过分要求，变相成为很多高校毕业生的就业障碍。我国劳动法明确规定，不管是男性还是女性都具有同样平等的就业权利，这种对某一性别的特殊标志已经明显触犯了《劳动法》。此外，在招聘中的歧视行为还有身高歧视、形象歧视等。

（4）侵害应聘学生的知情权。企业在招聘过程中通常会问应聘者各种各样的问题，以了解应聘学生的基本情况，但是当应聘学生提出了解企业情况的时候，有些企业就会以极其傲慢的态度迁怒于应聘学生，这种情况在毕业生应聘时尤为常见，这就是对应聘学生知情权的侵犯。

2. 分阶段签订就业协议书

应聘者和企业签订劳动合同之前，一般会签订一份就业协议书。就业协议书是学校、学生、企业三方在毕业生就业工作中的权利和义务的书面表现形式，属意向性协议。应该注意的是，就业协议书虽然不是劳动合同，但也涉及违约金的问题。所以应聘者在签订就业协议书之前要三思而后行。笔者建议应聘者如果不是很确定会留在此家企业，在签订就业协议书前先与企业探讨违约金的问题，争取把违约金降到最低。认真审视合同，不要把执行合同的主动权全部让给企业，应聘者应尽量在合同法的范围内争取主动权以维护自己的合法权益。

劳动合同绝不是"形式"，而是具有法律约束力的正式文本。如果应聘者对于合同条款有任何疑问，一定要确定后再签字，不要怕提出合同条款不妥而失去工作，否则会给日后留下隐患。合同条款并非不能更改，要双方平等协商、达成一致后方可签字生效。有些企业的合同是"统一格式"，无法更改的说法是不正确的。如果有些用人单位以各种借口不与毕业生签订书面劳动合同，毕业生要尽快离开该用人单位或申请劳动仲裁。已形成事实劳动关系的，毕业生可以依法向劳动保障行政部门举报。

六、试用期内是否享有保险

毕业生在试用期内同样享有保险，因为试用期是合同期的一个组成部分。企业给员工缴纳保险是法定义务，不取决于员工的意愿，即使员工已表示不需要缴纳保险也是不合法的。而且，私营企业办理的商业保险不能替代社会保险。

七、加班费如何支付

对于加班费，毕业生应注意以下要点。

第一，员工有权选择是否加班。第二，企业支付加班费也不能超过法定时长，不能以企业支付了加班费为由而无限制地加班。有些特殊行业的企业，必须到劳动部门审批，审批之后才可以加班。

加班费在不同情况下计算方法不同。

（1）工作日加班，按照平均工资的150%支付加班费。

（2）在工休日加班，按照日常工资的200%向员工支付加班费，但企业有权在支付加班费和提供补休假两种形式之间进行选择，员工不得提出异议。

（3）法定节日加班应该按照日常工资的300%支付加班费。

关于加班时间，正常工作时间是每天不超过8小时，每周不超过40小时。

一般情况下，企业需要加班每天不得超过 1 小时，特殊情况不得超过 3 小时，同时每个月不得超过 36 小时。

八、"过期劳动合同"是否有效

为了保护劳动者的权益，《劳动法》对用人单位终止不定期劳动合同规定了提前通知期。但毕竟"不定期合同"实际上有违《劳动法》关于"建立劳动关系应当订立劳动合同"的规定。劳动合同期满，用人单位应当主动与劳动者签订或者续订劳动合同，劳动者更应该主动、及时处理，否则将失去充分维护自己合法权益的机会。

九、劳动合同的法律效应

劳动合同一经依法成立，毕业生不能擅自变动或解除，更不能拒不履行，否则将承担违约责任。

《劳动法》规定，用人单位与劳动者协商一致，提前解除劳动合同的，应当依照国家有关规定给予经济补偿。关于经济补偿金的计算，经劳动合同当事人协商一致，由用人单位解除劳动合同的，用人单位应根据劳动者在本单位工作年限，每满一年发给相当于一个月工资的经济补偿金，最多不超过十二个月。工作时间不满一年的按一年的标准发给经济补偿金。同时还规定，经济补偿金的工资计算标准是指企业正常生产情况下劳动者解除合同前十二个月的月平均工资。

十、违反劳动合同的赔偿责任

用人单位违反规定或劳动合同约定，对劳动者造成损害的应按下列规定赔偿劳动者损失。

（1）劳动者工资收入损失的，按劳动者本人应得工资支付给劳动者，并加付应得工资收入 25% 的赔偿费用。

（2）劳动者劳动保护待遇损失的，应按国家规定补足劳动者的劳动保护津贴和用品。

（3）劳动者工伤、医疗待遇损失的，除按国家规定为劳动者提供工伤、医疗待遇外，还应支付相当于劳动者医疗费用 25% 的赔偿费用。

（4）合同规定的其他赔偿费用。

参考文献

［1］吴雅冰.创业管理［M］.北京：中国人民大学出版社，2012.

［2］张耀辉，张树义，朱锋.创业学导论：原理、训练与应用［M］.北京：机械工业出版社，2011.

［3］刘永芳.管理心理学［M］.2版.北京：清华大学出版社，2016.

［4］刘娥平.企业财务管理［M］.北京：北京大学出版社，2014.

［5］戴品怡，章一莎，王宇松.转型期高校创新创业教育发展路径探索［J］.黑龙江教育（高教研究与评估），2020（1）：59-61.

［6］严立宁，郑鑫，李昱颖.构建校友育人体系必要性及对策措施探究［J］.中国多媒体与网络教学学报（上旬刊），2018（12）：43-44.

［7］张玉利，薛红志，陈寒松，等.创业管理［M］.3版.北京：机械工业出版社，2016.

［8］王友明.创业教育与实践［M］.南京：南京大学出版社，2013.

［9］李家华.创业基础［M］.北京：北京师范大学出版社，2013.

［10］王磊，祝木伟.大学生创业策划教程［M］.杭州：浙江大学出版社，2014.

［11］梅强.创业基础与实务［M］.南京：江苏凤凰教育出版社，2015.

［12］陈刚，董塔健.大学生就业指导［M］.北京：中国中医药出版社，2017.

［13］刘永芳.创业型大学视角下的学术创业行为与策略研究：基于江苏高校的案例分析［M］.南京：江苏人民出版社，2015.

［14］薛倩，马然.高校应用型人才培养体系构建［J］.继续教育研究，2017（12）：115-117.

［15］周学增，张敬杰，肖德成."三全育人"视域下高校资助育人工作体

系创新研究［J］.文化创新比较研究，2021，5（1）：38-40.

［16］胡宇飞，蒋薇薇，谢莉.高校发展型资助育人工作机制的实践与探索［J］.高教学刊，2021,7（35）：141-144，149.

［17］刘献君，赵彩霞.在融合中生长：应用型人才培养路径探索［J］.高等教育研究，2022，43（1）：79-85.

［18］李晓旭.产教融合背景下民办高校高质量发展路径探索——基于云南省5所民办高校调研数据的案例分析［J］.武汉交通职业学院学报，2023，25（2）：97-102.

［19］陆发信.产教融合背景下应用型高校发展探索［J］.齐齐哈尔大学学报（哲学社会科学版），2021（2）：162-165.

［20］饶丽娟，黄大乾，刘秀光.高等教育分类政策及其对应用型本科院校发展的驱动［J］.广东技术师范大学学报，2020，41（4）：1-5.

［21］别敦荣，邵剑耀.普及化高等教育与中国式现代化［J］.高等教育研究，2022，43（11）：25-32.

［22］高群.服务双创人才培养的发展性资助育人体系及其评价［J］.人才资源开发，2023（17）：77-79.

［23］梁颖，苏一丹，丁宇.构建有利于创新人才培养的实践育人体系［J］.中国高等教育，2012（20）：44-47.

［24］钱颖一.大学的变革［M］.北京：中信出版社，2016.

［25］孙惠敏.应用型人才培养的新探索［M］.杭州：浙江大学出版社，2016.

［26］潘懋元.应用型人才培养的理论与实践［M］.厦门：厦门大学出版社，2011.

［27］吴军.数学之美［M］.2版.北京：人民邮电出版社，2014.

［28］常青伟.思想政治教育环境渗透研究［D］.苏州：苏州大学，2014.

［29］马然，武永花.高校国际化应用型人才的素质构成与培养模式研究［J］.中国成人教育，2016（11）：52-54.

［30］马然，栾琪.高校创新人才培养模式探析［J］.继续教育研究，2016（12）：120-122.